防衛の計量経済分析

水野勝之・安藤詩緒・安藤潤・井草剛・竹田英司　編著

五絃舎

はじめに

　本書は，著者代表が編著の『林業の計量経済分析』とシリーズ化させた書である。計量経済学者H.タイルのシステム－ワイド・アプローチというディファレンシャル需要方程式モデルを基に，数々の改良を加えた我々のモデルを使用した計量経済分析のシリーズである。

　さて，本書についてである。防衛の計量経済分析の書はあるようであまりない。マクロ経済データでの分析は存在するが，防衛産業のミクロ経済学的分析は少ない。なぜか。データに制約があるからである。2016年12月の国民経済計算の基準改定以前，防衛産業の取引の数値は産業連関表の中にインプリシット（陰表的）に入っていた。中間取引の公務の項の中に隠れていた。そのため，防衛産業の統計は限られており本格的計量経済分析が難しかった。

　本書の積極的な試みのひとつは，産業連関表の中から防衛統計を陽表化させたことである。経済分析をする際，統計は限られている。一例をあげれば，工業統計を使いたくても，小さな市町村のレベルになると，統計が不連続になり，計量経済分析ができない。逆に大きくても困る。1990年代京都大学の環太平洋計量経済モデルが作成されたが，各国の資本ストックのデータがなくてどんなに苦労したことであろうか。こうしたデータの不足や不連続性は計量経済学の発展を妨げる。そこで，本書では産業連関表から防衛産業を明示化し，防衛の計量経済分析ができるよう，新たな産業連関表を作った。不足した経済統計のデータの陽表化の試みは，批判も受けるところでもあるが，計量経済学を一歩でも，いや半歩でも前進させるのに必要であると考えている。計量経済学を少しでも発展させたい思いを持っている。

　他の試みとしては，効用理論を防衛の分析に応用したことである。効用を社会的厚生としてとらえるモデルはよくある。ここでは，為政者の判断によって

防衛は変わってくる。したがって，為政者の判断を効用として計測し分析する試みを行った。現代の防衛についてだけではなく，第1次大戦と第2次大戦間の同様の分析も行った。その計量経済史の分析では，歴史学的ではなく，数量分析面から日本が戦争に突入することを防ぐ機会があったことを明示できた。

　本書には他にも新たな試みが多数ある。それらについては各省に明記してあるので見られたい。

　「○○の計量経済分析」シリーズとしてシリーズ化していただいている五絃舎の長谷雅春氏には今回もお世話になった。謝意を表したい。

　令和2年1月

編著者代表　水野勝之

目　　次

はじめに

第1章　日本の防衛をめぐる現状と課題―経済面― ………………………3

　1．序　　3

　2．防衛産業　　4

　3．防衛産業政策―先行研究を通して―　　8

　4．日本の防衛産業の出遅れた要因（1）―防衛費のGDP 1 ％枠　　13

　5．日本の防衛産業の出遅れた要因（2）

　　　―武器輸出三原則等とその見直し　　15

　6．防衛の国内産業育成について

　　　―経済面：第 2 次安倍政権下での防衛装備品輸入増加と

　　　国内防衛産業の危機　　17

　7．総括　　20

第2章　防衛分析のためのモデル構築 ……………………………………25

　1．防衛計量経済分析　　25

　2．モデル分析　　27

　3．新しい指標の可視化　　33

　4．総括　　37

　　付録　データの出所と加工方法　　38

第3章　効用の一般化残差理論による日本の防衛についての分析 …41

　1．はじめに　　41

　2．無差別曲線分析　　42

　３．効用の一般化残差理論によるシミュレーション分析　　48

　４．総括　　51

第4章　国内防衛産業育成に関する一考査‥‥‥‥‥‥‥‥‥‥‥‥‥‥‥‥‥53
　　　　　　―防衛費の目視指標の開発―

　１．本章の目的と先行研究　　53

　２．日本の現状　　55

　３．産業連関表　　56

　４．シミュレーション分析　　59

　５．新歯止め指標の開発　　61

　６．総括　　63

　補論　　64

第5章　日本の防衛における「産業間の取引効率性測定指標」
　　　　の開発とその測定　‥‥‥‥‥‥‥‥‥‥‥‥‥‥‥‥‥‥‥‥‥‥67

　１．目的と先行研究　　67

　２．統合産業連関表の作成と分析　　68

　３．総括　　76

　補論1　　77

　補論2　　77

第6章　大戦間における日本の軍事に関する計量的歴史分析‥‥‥‥79

　１．目的と先行研究　　79

　２．分析　　81

　３．基数的効用の計測　　84

　４．総括　　88

　５．あとがき　　89

　補論　　89

第7章　日米安全保障条約と日本の経済成長 ························91

1．序論　91

2．日米安全保障条約と「安保ただ乗り論」　92

3．防衛費とマクロ経済　94

4．先行研究　96

5．推定式　100

6．実証分析　104

7．総括　112

第7章付録　113

補論　防衛部門を含んだ4×4産業連関表の作成手順·····················119

1．防衛部門を含んだ4×4産業連関表を作成する意義　119

2．実際の作成手順　120

3．新SNAの改定　132

参考文献　133

各章の出所　138

索引　141

防衛の計量経済分析

第1章　日本の防衛をめぐる現状と課題—経済面—

1．序

　戦後日本において日本本土が直接戦争の場となることはなかった。その理由として，日本の戦争参加を抑止した憲法9条の存在のためである，政府の外交努力の結果である，安全保障条約でアメリカに守られてきたおかげである，または単に運がよかっただけであるなど，様々な理由が考えられる。実際は，これらの理由が複合的に作用し，その結果として日本は戦争に巻き込まれなかったのであろう。

　海外で紛争が行われているため戦争は，他国，他地域の話と長い間とらえてきた日本であるが[1]，科学技術が進歩するにしたがって，危険と隣り合わせとなってきた。宇宙を通過する兵器までが開発されている現在，日本もこれまでのように安穏とはしていられない。近年も北朝鮮から発射されたミサイルが日本上空を通過し，Jアラートが日本各地でも鳴り響いた経験があろう。

　さて，日本が戦争に巻き込まれないようにするにはどうすればよいのか。これまで専守防衛で最低限の防衛設備だけあればよい，いや相手が攻撃してこないよう防衛設備を充実させておく必要があるなど，様々な意見が交わされてきた。こうした様々な意見に対する決着は政治的な議論に譲るが，技術進歩による最新兵器が登場する中，同じ防衛装備を導入するにしても，それ相応の防衛費が必要となるため，経済的な議論と密接にかかわってくる。従って，日本経済について議論が必要な時に，経済学者といえども，政治的な議論に委ねるだけではいけない。防衛費が日本経済にどのような影響をもたらすのか，プラスなのかマイナスなのか，という議論は今もなお乏しい。本章では，その研究の

前例である安藤詩緒（2009）に触れるが，そのあとの「どのような影響をもたらすべきなのか」の分析も必要となる。本書は，第2章以降で経済学の立場から防衛費のあるべき姿について分析していく。

　武器輸出三原則が見直されたことで，日本からの防衛装備品の輸出範囲が広がると同時に，技術交流が推進され，日本経済も防衛関係で活性化されるかと期待されたが，現実はそのような流れと言うには難しい。日本の防衛装備品を増やすといっても国内産業ではなく，アメリカからの輸入に依存しては日本経済にプラスにならないからである。本書では，政治とは切り離し，防衛費と経済の関係に焦点を当て，国内防衛産業の発展に貢献していけるよう，経済モデル分析を行っていく。

2．防衛産業

2－1　海外の防衛の状況 ── 欧米の防衛産業 ──[2]

　国内の防衛産業に触れる前に，まず海外の防衛生産部門について見てみよう。まずその事例として，ヨーロッパのイギリスとフランスの事例をあげよう。

　イギリスの防衛関連企業といえば，武器の死の商人としても暗躍していたアームストロング社やヴィッカー社が名高いが，それらは1960年代国営化され，当初の姿を変えた[3]。だが，1980年代以降のサッチャー政権の「小さな政府」政策で民間経済の重視の中，公共部門の改革によって，防衛産業は再び民営化される動きとなった[4]。さらに，1990年代の冷戦以降，防衛予算の減少によって，防衛産業に自由市場経済のもとでの競争原理が導入された。「民間重視→国営化→民間重視」と目まぐるしく変化したイギリスの防衛産業政策であったが，2005年に「防衛産業戦略」が策定され，防衛技術・生産基盤の維持に向け，今度は国内で「政府が主導して装備品の生産する」ための計画が立てられた。ブレア政権でのこの政策では，「潜水艦および水上艦艇，装甲戦闘車両，固定翼航空機（無人航空機を含む），ヘリコプター，一般弾薬」などのセクター別に防衛産業基盤を国内に保有すべきだとした。その結果，競争原理の導入は再び

後退することになった[5]。つまり，「民→国→民→国」との流れである。

　フランスでは，防衛産業に関して一貫して国が主導する形であった。1980年代のミッテラン政権時には，防衛予算が大幅に増加し，国内の防衛産業が育成された。1990年代以降，かつては国営企業であった防衛産業の大幅な合併が進み，フランス政府がその防衛企業の株主となって防衛企業の統治に参画した。1990年代半ばのシラク政権では，国内の防衛費が抑えられたため，外国への輸出で国内の防衛産業の活性を図る方針となった。防衛装備の海外への輸出が促進され，2009年には武器輸出は52億ドルと世界第4位となった[6]。市場原理を重視するアメリカに対して，フランスの防衛産業政策の特徴は，防衛産業が市場で自ら動くというよりも，国が主導してそれに応じた装備品を生産したり，政府の方針の下で輸出をしたりするというものであった。特に近年は，国が主導となって武器輸出に力を入れたのが大きな特徴である。

　最後に，アメリカの防衛生産部門の現状について触れる。アメリカといえば自由経済を尊重する国である。アメリカの軍需産業に関してのコンセプト（軍需産業に限らない）は，もちろん市場原理である。政府がこの方針を貫いている。

　まず防衛費について述べよう。アメリカの防衛予算の推移としては，1980年代中期から1990年代に至るまで，広範囲にかけて防衛予算が3割削減された。しかし，アフガニスタン紛争及びイラク戦の関連で2001年から2010年にはそれが年平均7％増加した。だが，2013年以降オバマ政権で，予算が削減されるとともに，競争環境が強化された[7]。このようにアメリカの防衛費は「削減→増加→削減」を繰り返してきた。

　近年のアメリカの防衛生産部門に関しては，佐藤（2008）と久保田（2010）が，防衛産業構造の変化の観点から言及している。佐藤（2008）では，冷戦後のグローバル化の進展により，「アメリカ市場はアメリカの防衛産業のみならず，世界中の防衛産業の競争の場となっている」と述べられているように，アメリカの防衛生産部門が世界に開放された市場であることがわかる。久保田（2010）によれば，防衛産業の再編と統合の促進，効率的な防衛調達制度の導

入による「競争力の強化や確保」が，政府の役割の拡大によってなされていた。

　また，アメリカにおいても欧州と同様に国際共同開発を推奨しており，この意味合いについて，久保田（2010）は「産業基盤を維持するとともに，同盟国・友好国間のインターオペラビリティを促進するという目的もある」と述べている。同盟国との安全保障強化を図るという名目の下，アメリカは自国からの輸出の拡大を図ろうとしている。近年のアメリカとフランスに共通するのは，自国外への輸出で防衛産業を維持・活性しようという動きである。

　このように，欧米においては，安全保障環境や財政状況の変化に柔軟に対応した防衛生産市場が構築されるように，かつ自国内だけでそれを済ませるのではなく他国を利用した形で防衛産業政策を実施している。

2－2　日本の防衛産業

　日本の場合，防衛装備品の輸出によって活路を作り上げてきた欧米と異なる。日本にも防衛産業は存在する。桜林（2010）によれば，日本の防衛産業には大手だけでなく中小企業も入る。防衛省・防衛装備庁を顧客とする大手企業としては，三菱重工，IHI，川崎重工等の大企業がある。しかし，それだけではなく，防衛産業としてその下請けの「町工場」的中小企業が数えられるという。中小企業を含む企業群は「常盤製作所」，「洞菱工業」，「エステック社」，「石井製作所」，「明治ゴム化成」，「三菱長崎機工」，「日本製鋼所」，「多摩川精機」，「小松製作所」，「旭精機工業」などである。

　これらの経営が順調だったかといえば，そうではない。防衛費支出がGDP1％内という枠が正式ではないにしろ慣習的に守られてきた（後述）。そして武器輸出三原則等によって本格的な防衛装備品の輸出が限られていた（後述）。国内の財政状況が悪くなると他国に装備を輸出して解決しようとしてきた欧米とは異なり，日本の国内防衛産業は厳しい経営状況にあったことは確かである。このように不採算事業であっても事業を投げ出さなかったのは，もちろん国とのつきあいの関係もあるが，「日本の国のために」という意識が防衛産業関連の経営者や従業員にあったためだという。

　桜林（2010）によると，日本の防衛生産市場は，政府の需要独占市場，生産者の寡占市場となっている。発注する側の政府の意向によって発注額の大小が決められてしまう。たとえ発注を受けたとしても政府の意向で次回の発注から外されれば大規模施設が遊休化してしまうなどの問題がある。この特異な市場において，競争しあって切磋琢磨し，品質の良いものを安く提供するという経済効率性が機能することは難しかったといえよう。

　政府の防衛部門における調達については変遷があった。かつては政府（防衛省）と主契約企業の取引関係が固定的となっていた。かつ，主契約企業と下請け企業の取引関係も固定的であった。つまり，日本の防衛産業は，大企業とその下請けである企業（中小企業）とが密接に関わり，日本の防衛生産・技術基盤を支える構造となっていた[8]。しかし，森光（2016）によれば，透明性確保のため財務大臣通知「公共調達の適正化について」（2006年）において，競争入札が促進されるようになった。防衛産業も例外ではなかった。日本の防衛産業も調達において競争形態への移行が行われた。よかれあしかれ日本の防衛産業も競争市場化された。

　競争入札は，経済効率を実現させる入札制度であるが，防衛産業にとっては効率的とは言いがたい制度であるという。競争入札についての懸念が示されている桜林（2013）によれば，『競争入札制度』は「百害あって一利無し」の制度と指摘している。理由は，「防衛装備品の技術向上の阻害」および「価格競争の激化による企業経営へのダメージ」があげられている。前者では，潜水艦建造において，競争入札導入以前は三菱重工と川崎重工が技術的に協力しえたのに，競争入札導入後はお互い競争状態になったため，開発技術を共有できなくなり，潜水艦建造技術の進歩が遅くなってしまった実例があったとされる。確かに，競争入札で受注を逃すリスクを考えると，大規模な研究開発や大規模な設備投資は行えない[9]。後者では，例えば，入札には勝ったものの，いざヘリコプター搭載型護衛艦「ひゅうが」の建造を担当してみると，結果としてIHIMUが大きな赤字をこうむってしまったとされる。競争入札は価格の低さを争う。価格を下げて例え受注できたとしても，予定外の費用がかかり，結果

として総費用がかさんでしまう。競争入札制のこうした点において，防衛産業には，順応しにくい点がある。

3．防衛産業政策 ── 先行研究を通して ──[10]

　防衛産業は経済の一環であるにもかかわらず，経済法則よりも政府の意向に左右される。そのため，防衛産業の経済モデル分析は難しいところがある。しかしながら，防衛産業が生産の一部門である以上，防衛産業政策について経済学での分析を行うことが可能であるし，必要である。それには本書の先例がある。以下では，経済学的観点から考察された防衛産業政策に関する欧米と日本の先行研究をあげ，防衛産業の経済的評価を見てみる。近年の欧米の防衛産業の経済分析の代表的な先行研究としては，Morales-Ramos（2002），Smith（1990），Saal（2001）が挙げられる。また，日本のそれとしては安藤詩緒（2009）が挙げられる。

1）Morales-Ramos（2002）の示す防衛産業の経済的評価

　Morales-Ramos（2002）は，防衛研究開発費のクラウディングアウト効果を分析するために3つのタイプの推定モデル（供給モデル，需要モデル，需要―供給モデル）を構築している。そして，それらを幾つかの国々に適用して，クラウディングアウト効果の検証を行っている。すなわち，防衛部門に力を入れたときに他の民間部門へマイナスにならないかの検証である。

　検証の結果，イギリスのケースでは，防衛部門から民間部門へのクラウディングアウト効果が発生していることがわかった。つまり，防衛部門から民間部門へマイナスの影響があることが示された。それは，貯蓄を通じて「研究開発以外の防衛費」から生じていた。他方，OECDの他の加盟諸国のケースでは，「防衛研究開発費」を通じて防衛部門から経済へ起こる外部効果（クラウディングアウト又はスピンオフ（波及効果））が発生していることがわかった。さらに，OECD加盟諸国のケースの場合，そのプラスの効果のほうが，クラウディングアウト効果のもたらすマイナス効果よりも大きいことが示され，Morales-Ramos

（2002）での検証は，イギリスと（イギリス以外の）OECDのケースの異なるのが面白い点である。

2）Smith（1990）の示す防衛産業の経済的評価

　Smith（1990）は，防衛からの技術的なスピンオフ（波及効果）が大きい，つまり正の外部効果が存在することを示した。防衛産業において，市場支配的地位や生産の国際化を再建するように企てられた買収，売却，合弁事業等が生じるという。そうした生産競争に対する影響は有効（効果的）である。防衛産業の買収，売却，合弁事業が無秩序に行われるのは望ましくないので，政府による規制が必要であることを指摘している。

3）Saal（2001）の示す防衛産業の経済的評価

　Saal（2001）では，製造業間の相互の発展に影響を与える重要な要素として，調達を促進させる「技術変化」を取り上げた。Saal（2001）は，まずその技術変化の直接的な生産性の効果が防衛調達の大部分を引き受けている産業に作用していると仮定した。その下で，防衛および民間の製造業に関する産業データを用いて，「防衛調達の依存性」と「製造業の生産性上昇」との関係について計量経済分析を行った。その結果では，防衛に直接関わる少数の製造業は，技術進歩率が他の製造業より大きいことが示された。また，Saal（2001）は，防衛調達を促進させる技術変化は，他の製造業と比べて，防衛に直接関わる少数の製造業の生産性上昇率を増大させることも示した。一方で，この「技術変化」は，間接的に防衛に関わる製造業には，マイナスの影響を与え始めることも明らかにした。ただし，技術変化を加味した防衛調達による影響力の規模は，一般の製造業にとってはかなり小さいという意味であり，経済に大きなマイナスの影響を与えているという意味ではない。むしろ，防衛調達を促進させる技術変化を考慮に入れた防衛装備品調達の実施は，生産性上昇にプラスの影響を及ぼしており，製造業の生産性能に有効に働くことを明らかにしている。

　以上1）～3）に述べたように，欧米の防衛産業は，経済に一定のプラスの役割を果たしている。

４）安藤詩緒（2009）の示す防衛産業の経済的評価

　安藤詩緒（2009）は，日本の防衛費の削減に伴う防衛研究開発費の低下傾向を背景に，日本の防衛研究開発費と企業の付加価値との因果関係を確認した。防衛生産と関わりのある業種の財務データを用いて，グランジャー因果性テストでの分析を行い，防衛研究開発費と企業の付加価値の相関に対しての時間的な先行・遅行関係を明らかにした。また，推定結果として，防衛と民間の双方向の因果関係の存在を確認したことが示されている。この因果関係とは，防衛と民間との間にあるスピンオフ・スピンアウトの関係を示している。さらに，マクロ経済の効果から生じるミクロ経済の変化を示すために，日本国内の企業レベルのデータと防衛研究開発費のデータを用いて，防衛研究開発費の伸び率にプラスのショックを与えた場合に企業の付加価値の伸び率はどのような反応をするかを考察している。結果として，そのショックに対する各業種の付加価値の伸び率の反応は，どの業種も持続的なプラスの効果を示し，マイナスの効果が見られなかった。したがって，防衛研究開発費は企業の付加価値にマイナスの影響を与えていないことを示した。したがって，この解析の対象となった期間では，防衛と民間との相互転用・技術交流が上手く機能していたと結論付けている。

５）桜林（2010）（2013）の示す防衛産業の経済的評価

　桜林（2010）によれば，平成21年度の科学技術白書から防衛の研究費の政府負担研究費に占める割合は，アメリカ77.5％，イギリス32.0％，フランスが28.0％，ドイツが7.0％であるのに対して，日本は5.5％とそれらの国より低い。政府は防衛研究のより一層の促進のために，大学や独立行政法人といった他機関との連携も積極的に進めようとした。しかし，防衛研究への懸念を表す日本学術会議の見解などがあり，かつ大学などではまだ軍事や自衛隊に対するアレルギーがあり，政府が思う様には大学等の研究機関での軍事研究の広がりは見られていないとしている。

　しかし，海外で開発された防衛装備品だけに頼っていては問題点が多い。例えば，藤倉航装がフランス製の696M1降下傘のライセンス生産をしていた。そ

の降下傘の修理が必要な場合，ライセンス生産の契約上日本では修理が行えずフランス本国に送らなければならない。しかし，フランス側は休暇中ということで修理に応じず，自衛隊空挺降下部隊が空挺降下訓練の再開をするまでに7カ月もかかってしまったということである。

　国産の場合，日本人に適した装備開発ができるが，海外の技術に頼るとそれができない。桜林（2013）では，ライセンス生産・輸入にはデメリットが多い一例として防弾チョッキをあげている。日本人の体形に合った防弾チョッキの製造は，国内企業が最適であることを示したものである。

　桜林（2010）において，「故障修理への迅速な対応とそれによる高い稼働率の維持が可能」というメリット以外にも，マクロ・ミクロ面での国産装備品のメリットは，以下のように挙げられる：

①外交交渉力及び戦争抑止力を自前で確保でき，独立国家としての自立維持に繋がる

②四面緩解で山岳地帯が多い日本独特の地形に適した装備開発ができる

③輸入，ライセンス国産の際のバーゲニングパワーとなる

④先端技術である防衛技術の他産業への波及効果（スピンオフ）が期待できる。防衛装備品の技術が民生品に活かされる事例（スピンオフ）及びその逆である民間技術の防衛への応用（スピンオン）の事例が増えている。

⑤内需拡大に繋がり，税金の国外流出を防ぎ日本経済発展に寄与できる

このように，防衛装備を国産にすることは日本にとってメリットが多いことが示されている。

6）安藤詩緒（2011）の示す防衛産業の経済的評価

　安藤詩緒（2011）では，内外の防衛産業に関する経済分析を行った先行研究群は，どれも防衛産業の発展は民間産業の発展に繋がることをまとめると同時に，日本の防衛産業の在り方についても論じた。国際共同開発や政府主導の産業構造の改革を行っている欧米と比較して，日本の防衛生産部門市場は，安全保障環境や財政状況の変化に順応的ではなく，限定的で硬直していたとしている。これは，当時日本は武器輸出三原則等により，武器禁輸政策を続けていた

ためである。各国との国際共同研究・開発・生産に参加することができず，その結果，新たに生み出された防衛装備品や防衛技術等を導入することができない状況にあった。よって，日本の防衛生産・技術基盤の強化が抑制されていたと解釈できる。さらに，防衛費削減のあおりを受け，生産市場は減退しており，有能な民間からの熟練技術者が削減されるなど，今後の防衛生産基盤や技術基盤が縮小・崩壊しかねない懸念が生じている。

　また，安藤詩緒（2011）の中で，経団連の『日本の防衛産業政策に対する経団連の提言』を示している。22 大綱および23 中期防が策定される前に，経団連（2009, 2010b）で報告された日本の防衛産業政策に関する提言をまとめている：

①「防衛装備品の取得や調達などの防衛産業政策の改革が大きな課題」

　　防衛装備品の調達数量減少による生産効率の低下，調達予算の減少のために，防衛生産部門の企業の収益圧迫が引き起こされている。また，近年の世界的な経済危機によって，民間生産部門の経営環境や業績が悪化しており，そのため，民間生産部門からの高度な技術を防衛生産部門に運用させる事業形態が困難を伴っている。それとともに，同盟国であるアメリカからは，防衛技術に関する技術流出の制限がかかるようになってきている。こうした環境の変化に，政府は，防衛生産・技術基盤を維持・強化するために，適正な規模の予算を確保するなど明確な防衛産業政策が必要であると述べている。

②「重点投資分野のうちの一つは『防衛・民生両用技術』への投資である」

　　これは，総合的な技術の国際的優位性を確保するための投資であり，大きな経済効果を見込んだものである。そのためには，産官学が連携し，研究開発費を充実させることが必要であると指摘している。また，こうした国内への投資によって開発・生産を行うことは，国内産業の発展，雇用の創出，経済成長につながるとして，それが最先端の防衛技術の開発による民間生産部門への大きな技術的な波及効果，および経済発展へとつながることが期待されるとしている。

　上記以外にも，武器輸出三原則の見直しについての提言があるが，それは後
述する。2011年当時日本の防衛生産市場は，欧米のそれと比較して硬直的であ
り閉鎖的であることから，日本の経済界は防衛産業の発展は日本の経済にも好
影響を与えているという立場から，政策を含む防衛産業の振興のための措置を
採るよう政府に働きかけている。

4．日本の防衛産業の出遅れた要因（1）—防衛費のGDP 1 ％枠

　これまで，防衛産業の経済的評価を見てきたが，そもそも日本の防衛産業が
出遅れた原因は何であろうか。その理由の一つとして，「GNP 1 ％枠」[11]があ
げられよう。第 2 次大戦後，日本には防衛に関して，積極的であることへのア
レルギーがあり，前向きな施策というよりは歯止め的な政策がとられてきた。
その一つが，この政策であったといえよう。

4 － 1　防衛費に関するかつての考え方

1）歯止めとしての防衛費支出GDP 1 ％枠の経緯

　さて，歴史をさかのぼろう。GNP 1 ％枠を設定したのは三木武夫内閣であ
る。三木は，ハト派の代表格の政治家であった[12]。彼が総理大臣に就任したの
は1974年であった。田中角栄内閣が総辞職し，その後を継ぎ，同年，三木武夫
内閣が発足した。

　三木内閣での最重要な課題の一つは，経済の立て直しであった。村松（2010,
p.159）によれば，三木内閣は，田中内閣時から続く物価上昇と，その後の不
況状態からの脱出が課題となった。三木内閣の時に，史上初めてのスタグフレー
ションが日本を見舞っていた。インフレの次の年に賃上げを実施したことで，
コストプッシュインフレーションが発生していた。この日本を初めて襲ったス
タグフレーションの中，三木武夫内閣は政策の舵をとらなければならなかった。

　その中で，防衛に関して三木首相は大きな決断をした。それは，日本では防
衛費はGNPの 1 ％以内での支出に抑えるという決定だった。防衛費のGNP

1％枠は1976年11月5日に閣議決定された。前述のように，経済環境も苦境にあったことから，防衛予算を膨らませるわけにはいかないという背景がそこにあった。もちろん，こうした方針はハト派政治家三木の信念に起因するところも大きい。防衛に関して，三木内閣が決めたことは，そのあと日本の平和に関して大きな貢献を果たすことになった。しかし，同時に，日本の防衛産業の育成のスピードも落とすことになった。

村松（2010）では三木の政治的発話についての分析がなされている。第2次世界大戦前からの既成政党に対する，「浄化して公党の面目を一新」（p.103）する姿勢を示したが，そうした姿勢も第2次世界大戦で「霧散する」（p.108）ことになった。この時の強い思いが，のちの三木武夫の防衛政策に反映されたのは間違いない。

2）GDP1％枠の事実上の変更

真田（2010）は，GNP1％枠が設定された経緯や，中曽根康弘内閣がそれを撤廃するまでの事実をうまくまとめている。1986年に中曽根康弘内閣でこの基準の撤廃を決め，1987年度から3年間防衛費がこの枠を突破した。しかも，中曽根康弘内閣は，GNP1％枠に代わる歯止め基準として，新たに1987年に総額明示方式を閣議決定している。それは中期防衛力整備計画の5年間の防衛費の総額をまず示し，その枠内で各年の防衛費を決めるというものであった。ただし，各年はGNPの1％を突破しても5年間ではGNPの1％枠を撤廃したわけではなかった。

その3年間以外では防衛費のGNP1％枠を超えることはなかったため，事実上，厳格でないにしても，2012年発足の第2次安倍晋三内閣以前までは三木内閣が決めたGNP（またはGDP）1％枠が守られてきたと言えよう[13]。

ところがいま，GDP1％枠が形骸化されようとしている。2016年にGDPの計算方法が改正され，30兆円ほどGDPが上積みされた。そうすると，これまでの枠が，2015年のGDP旧500兆円の1％の5兆円に対して，突然新GDP530兆円の1％の5.3兆円が基準となった。GDP1％枠の実質的形骸化ともいえる。事実，2017年度の防衛予算が過去最高の5兆1,000億円となり（2019年度は概算

要求で 5 兆2,986億円（米軍再編費除く）），金額の大きさの批判はあっても，新たな計算での新GDP 1 ％比が5.3兆円なのでその歯止めに関しての議論は出なかった。GDPの計算方法を変えれば，その「1 ％枠」の大きさは，変幻自在となってしまう。前述のように，近年の国際情勢の緊迫感への備え，防衛技術の目覚ましい進歩への対応などの背景もそこにあろう。

5 ．日本の防衛産業の出遅れた要因 (2)─武器輸出三原則等とその見直し

5 - 1　武器輸出三原則等とは？

　日本の防衛産業が出遅れた要因のもう一つとして武器輸出三原則があげられる。外務省の公式ウェブサイトにある『軍縮・不拡散』には，『武器輸出三原則』（1967年佐藤栄作首相が最初に表明）の定義がある。武器輸出三原則は，共産圏諸国，国連決議により武器等の輸出が禁止されている国，国際紛争の当事国又はそのおそれのある国，という条件に当てはまる国に対しての武器輸出を禁じるという政策であった。同ページには，その後，三木首相（当時）が衆院予算委（1976. 2 .27）において答弁した「武器輸出に関する政府統一見解」も書かれている。その第二項では『(2) 三原則対象地域以外の地域については，憲法及び外国為替及び外国貿易管理法の精神にのっとり，「武器」の輸出を慎むものとする。』となっている。この三木首相による「武器輸出に関する政府統一見解」と当初の「武器輸出三原則」を総称して，「武器輸出三原則等」と呼ぶことが多い。

　安藤詩緒（2011）で述べられているように，経団連（2009, 2010b）では，この武器輸出三原則等の見直しを提言していた。欧米諸国では，高機能化，高価格化した防衛装備品の国際共同開発が盛んであったため，経団連（2009, 2010b）は，日本が国際社会の安全保障と平和維持に貢献するためには，こうした欧米諸国等との国際共同研究開発に積極的に取り組むべきだとしていた。そのためには武器輸出三原則等の見直しが必要であるとしていた。

　とはいうものの，日本はまったく武器の輸出が禁止されていたわけではない。

16

武器輸出三原則等は武器輸出そのものを禁じたものではなかったことに注意し
よう。上記に含まれている以外の猟銃や弾薬などの小型武器の民間への輸出は
行われていた。それらは，日本からアメリカやベルギーなどに輸出されていた。
図1-1のように，産業連関表に武器の輸出額が明記されている。

図1-1　日本の武器輸出額の推移

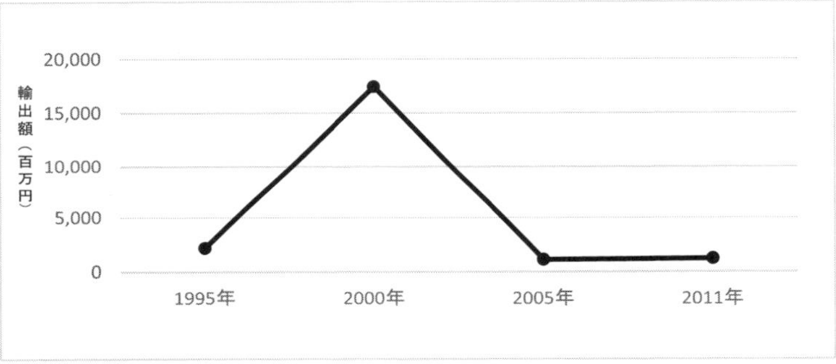

（1995〜2011年の総務省公表の産業連関表を基に筆者が作成）

5－2　武器輸出三原則等の見直し

　三木首相による「武器輸出に関する政府統一見解」では『慎む』という言葉
が使われている。『慎む』という言葉は絶対的な『禁止』を意味しているわけ
ではない。それが実際となったのが「例外化」である。2014年4月の時点でそ
の「例外化」は既に21回も行われていたという[14]。

　この例外化は望ましくないので，例外ではなくしようという理由で，2014年，
政府は従来の武器輸出三原則等の見直しを行った。防衛装備移転三原則の閣議
決定である[15]。

　防衛装備移転三原則の3原則とは次の通りである。原則1は「移転を禁止する
場合を明確化し，次に掲げる場合は移転しない」ことで，その「次」とは，①
我が国が締結した条約その他の国際約束に基づく義務に違反する場合②国連安
保理の決議に基づく義務に違反する場合（安保理決議 1718 号（北朝鮮の核問題），
同第 1929 号（イランの核問題）等，）③紛争当事国への移転となる場合を指す。

原則2は「移転を認め得る場合を次の場合に限定し，透明性を確保しつつ，厳格審査」であり，ここでの「次」とは①平和貢献・国際協力の積極的な推進に資する場合，②我が国の安全保障に資する場合である。原則3は「目的外使用及び第三国移転について適正管理が確保される場合に限定」である。武器輸出三原則等とは異なり，以上に例外は設けないことが原則である。

　これによって，それまでは小型武器を民間機関にしか輸出できなかった日本の防衛産業が一定の条件を満たせば武器やその技術の輸出ができるようになった。このことについての大きな意義は，国際的な共同研究が可能になったという点である。安藤詩緒（2011）で述べられているように，日本の防衛産業のガラパゴス化防止ために，経団連（2009, 2010b）は「武器輸出三原則等の見直しによる国際共同研究開発の枠組みの構築」において武器輸出三原則の見直しを求め，欧米諸国等との国際共同研究開発に積極的に取り組むことを要望してきた。武器輸出三原則の見直しはそれを前進させたといえよう。

6．防衛の国内産業育成について[16]
—— 経済面：第2次安倍政権下での防衛装備品輸入増加と国内防衛産業の危機

　さて，武器輸出三原則等の見直しにより，日本の防衛産業は活性化されたかというとそうでもない。以下に気になる記事を紹介しよう[17]。

　「コマツも開発中止，日本の防衛技術を蝕む"米国依存"」
　記事「建設機械大手のコマツが防衛省に対し，自衛隊車両の新規開発中止を申し入れていたことが明らかになった。車両開発をしてもコストがかかる割に台数が見込めず，採算に合わないため。陸上配備型迎撃ミサイル・システム『イージス・アショア』やF35戦闘機を筆頭に防衛予算は年々増大しているが，中身は米国製品の丸ごと購入が中心で，国内防衛企業の受注分は先細るばかり。」
　「海上自衛隊の護衛艦『いずも』型に搭載が予定されるF35戦闘機は当初，数機を米から購入し，残りを日本国内でライセンス生産する計画だったが，貿易赤字削減を求めるトランプ政権の圧力もあり，丸ごと購入のまとめ買いが決まった。」

これらを読むと，日本の防衛産業が生産拡大に向かっている様子はない[18]。日本の防衛費には，「後年度負担額」と呼ばれる項目がある。これは装備品や建物等の購入における国の借金を意味する。装備品や建物等が高額の場合，または調達に複数年度かかる場合調達契約に防衛省はこの後年度負担を利用している。図1‐2で示すように，2012年の第二次安倍政権の発足以降，防衛予算に於ける後年度負担額が次第に増加している。後年度負担の合計額は2012年には３兆1,583億円であったが，2018年には５兆768億円に膨らんでいる。６年間で国の借金が２兆円増加したことを意味する。

　借金である以上，後年度負担はいくら増やしてもよいわけではない。防衛費全体に悪影響を及ぼす可能性があったり，ひいては国の財政に負担をかけたりする。後年度負担に充てる費用は「歳出化経費」として防衛費の中に含まれるからである。2018年度の時点で，防衛費の総額の内『人件・糧食費と歳出化経費という義務的性質を有する経費が全体の８割』（平成30年度版防衛白書より）である。残りは隊員の教育訓練や装備品の修理費に充てられる一般物件費である。後年度負担が増えると，そのしわ寄せがこの一般物件費に来る恐れがある。

図1‐2　後年度負担合計額の推移

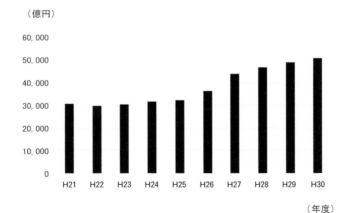

（財務省の公表データを基に筆者が作成）[19]

つまり，自衛隊員の訓練に要する費用が削られるということであり，新しい装備が次々に導入されてもその操縦や操作などの技術が追い付かないという可能性すら出てくる。

　日本は，アメリカから膨大な防衛装備品を購入しているが，それを賄う費用を借金に回して資金が補われている。

　図1-2から顕著である後年度負担額の増加は，図1-3で示す第2次安倍政権下でのFMS調達の増加に大きな要因があると一部メディアから指摘されている。FMS（Foreign Military Sales：有償援助）とは何か。防衛省『平成30年度版防衛白書』によれば，『アメリカ政府が，経済的な利益を目的とした装備品の販売ではなく，アメリカの安全保障政策の一環として，武器輸出管理法に基づき，同盟諸国等に対し，装備品等を有償で提供するものであり，日米間においては，日米相互防衛援助協定に基づいて行われているもの』[20]である。日本ではF35A戦闘機やV-22オスプレイ，イージス・アショアの調達に際してFMS調達が活用されている[21]。FMSは機密性の高い先進的な技術を有した装備品を購入できるというメリットがある。しかし，その反面，アメリカから完成した装備品を購入するだけということになり，その装備品の改修・改善が国内

図1-3　有償援助（FMS）調達額推移

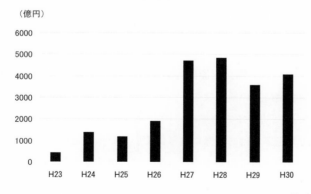

（財務省・防衛省の公表データを基に筆者が作成　値は契約ベース）[22]

ではできないというデメリットがある。日本の防衛産業には，ほとんどプラスにならないという深刻な問題点がある。

　また，FMSはアメリカ側が相当有利であり，日本側は不利となる。この形式の調達契約について，日本の会計検査院が『FMS調達は，アメリカ合衆国側の事情によって提供の内容や時期が変更されたり，価格等の詳細な内訳が提示されなかったりする場合があるなど，一般的な輸入等による調達とは異なるものである。（中略）提供の予定時期を過ぎているのに提供が大幅に遅延していたり，防衛装備品等の提供の確認及び前払金に対する余剰金の返済が遅延していたりしていた事態等について問題を提起するなどしてきた』[23]と問題点を指摘している。

　FMS調達では，日本国内では調達できない先端技術の高性能装備を購入することができる。確かに，日本の防衛力強化という目的は達成できる。しかし，経済的には，後年度負担という借金の増大を招く。『防衛生産・技術基盤戦略の策定時と比べ，輸入の増加による国内防衛産業の規模が縮小する等，我が国の防衛生産・技術基盤を取り巻く状況は一層厳しくなっている』[24]というように，防衛省は，装備品の輸入増加による国内防衛産業への悪影響を指摘している。これは，FMS調達の課題と言えるだろう。

7．総括

　第2次安倍政権下で，武器輸出三原則等が見直され，従来のGDP1％枠も事実上外され，国内産業に追い風が吹きそうだというのが本章の前半である。しかし，本章後半では，防衛費の増加は，FMS調達によりアメリカの防衛産業を潤すが日本の防衛産業にはプラスになりにくいということがわかった。

　もちろんそれには事情があるのであろう。例えば，アメリカとの関係で，日本からの自動車の輸出規制，日本へのコメなどのアメリカ農産物の輸入増加を食い止めるためには，アメリカからの防衛装備品の購入をある程度増やさざるを得なかったという見方が考えられる。しかし，近年，日本の防衛産業に対し

て国際技術開発に門戸が開かれたにもかかわらず，その防衛産業が日本経済の負担であると捉えるには疑問の余地がある。

　ここでは，政治が要求するまま防衛を国内産業で強化することを主張しているわけではない。政治とは切り離し，経済効率を重視する中で防衛産業が日本経済の足を引っ張らないよう，そしてそれを育てていく必要があろうということを述べている。後の章では，GDP 1 ％枠が事実上変更されたならば，それに代わる枠を設定しつつ（第 4 章），防衛産業の向上を促す論理展開である。インターネットの事例でも見られるように，防衛産業で養われた技術が経済を目覚ましく発展させるのは歴史が語っている。

　第 2 章以降では，日本の防衛産業の在り方についての議論を行っていく。

【注】

(1)　一部PKO等への派遣あり。なお，ここまでの執筆担当は中村賢軌。

(2)　安藤詩緒（2011）

(3)　横井（1997）

(4)　2010 年に経団連が公表した報告書「欧州の防衛産業政策に関する調査ミッション報告」による。

(5)　日本経済団体連合会防衛生産委員会（2013）「イタリアおよびイギリスの防衛産業政策に関する調査ミッション報告」レポートpp.33-34

(6)　防衛省（2012）「諸外国の防衛産業政策」http://www.mod.go.jp/atla/soubiseisaku seisan.html別添資料 3 （諸外国の防衛産業政策）（2019/ 2 /23日）閲覧

(7)　同上

(8)　久保田（2002）

(9)　「防衛装備品の技術向上の阻害」に関することとして，日刊工業新聞ニュースイッチHPにおいては，「防衛装備品はハイテクや高度加工技術の塊であるだけに，技能伝承や工場設備の維持がいったん途切れると，復活は容易ではない」。と述べられている。

　　https://headlines.yahoo.co.jp/hl?a=20190224-00010001-newswitch-bus_all

　　（2019/ 3 / 1 ）閲覧

　　「コマツも開発中止，日本の防衛技術を蝕む"米国依存"」

(10)　第 3 節は安藤（2011）に基づく。

(11) 「GNP１％枠」についてはGNPからGDPに国の指標の取り上げ方が変わったときに慣習的にGNPの表現がGDPに変わった。

(12) 三木は，1907年３月徳島県に生まれ，1929年３月，明治大学専門部商科（現商学部）卒業，そして1937年３月同大学法学部を卒業した。その年の衆議院選挙で初当選し，総理大臣にまで上り詰めた。

(13) 本文にもあるように，これが絶対的ルールであったわけではない。

(14) 内閣官房の資料『防衛装備移転三原則について内閣官房，外務省，経済産業省，防衛省』（2014年４月15日公表）

(15) 沓脱（2015）pp.55-67。p.17まで同書を参照。

(16) 「6」の執筆担当は中村賢軌。

(17) 日刊工業新聞ニュースイッチHP
https://headlines.yahoo.co.jp/hl?a=20190224-00010001-newswitch-bus_all
（2019/2/25）閲覧

(18) 後年度負担の増加を懸念する新聞記事はほかにもある。
東京新聞『米から購入　安倍政権で急増　兵器ローン残高，５兆円突破』
http://www.tokyo-np.co.jp/article/national/list/201810/CK2018102902000137.html（2019/2/3）閲覧

(19) 後年度負担合計額の推移について
・財務省『平成29年度防衛関係費について』p.(5/10)
（https://www.mof.go.jp/public_relations/finance/201705/201705e.pdf）
・財務省『平成27年度防衛関係費について』p.（6/17）
（https://www.mof.go.jp/public_relations/finance/201505e.pdf）
以上の二つからH29年度までの後年度負担合計額を引用した。H30年度の後年度合計負担額は
・財務省『資料３防衛平成30年10月24日』p.37
（https://www.mof.go.jp/about_mof/councils/fiscal_system_council/sub-of_fiscal_system/proceedings/material/zaiseia301024/03.pdf）
から引用した。（全て（2019/2/3）閲覧）

(20) 防衛白書内の項目『＜解説＞FMSに関わる諸課題の改善』
（http://www.clearing.mod.go.jp/hakusho_data/2018/html/nc037000.html）
に於いては，一般輸入に対するFMSの利点が述べられている。
また，防衛省は各種調達方法の長所・短所を纏めた『装備品の取得方法別の長所・短所』

研究書解説冊子

『防衛の計量経済分析』水野勝之，安藤詩緒，安藤潤，井草剛，
竹田英司　五絃舎，pp.1-143（2020年4月25日）

作成者　水野勝之　井草剛　安藤潤　土居拓務　中村賢軌

五絃舎発行
（2021年11月1日）

はじめに

　研究者は自分の研究成果を本にまとめて自己満足に浸る。自分の研究の歴史が詰め込まれている。しかし，一般の人がそれを読んでみてもとても理解しがたい内容のときがある。様々な分野の研究書を読める万能な人は存在しない。結局研究者は同僚の研究者の範囲にしかわからない独りよがりの本を出版したに過ぎない。

　そこで，そうした研究書界にイノベーションを起こしたい。本書とは別に別冊として誰でも理解できる解説書を付けたらどうであろうか。多くの人に理解してもらうことこそが研究者にとっても社会貢献になる。そのような発想でこの解説書を作った。受験の時の問題集に解答の冊子が挟まっている発想である。防衛経済に関心はあるけれど計量経済学のことなど何も知らないという方にも本研究書の内容が理解できるように作ったつもりである。

　なお，書評が明治大学広報744号「本棚」（横井勝彦，2020年12月1日）に掲載されたことも付記しておこう。役割分担として，主に第2章，第3章，第6章を水野，第1章，第4章，第5章を中村，第7章が安藤潤，中村が執筆し，総点検，全体を通しての文章修正を井草および土居が行った。本解説書が皆さまの役に立つことを願っている。

　令和3年6月

著者代表　水野勝之

第1章　日本の防衛をめぐる現状と課題　—経済面—

問題設定

　日本には，憲法九条の解釈を巡る論争，敵基地攻撃能力の是非，近隣諸国の軍事力への対応といった防衛に関する問題が山積している。また，技術進歩によって日々高性能化が進んでいる防衛装備品（自衛隊が使用する火器・誘導武器・電気通信・船舶・航空機・車両・機械・弾火薬類・食糧・燃料など）は相応の費用を要するものになってきている。このような費用の問題は，経済学と密接に関わり，経済学者といえども，防衛について政治的な議論に委ねるだけではいけない。防衛関連費の支出，防衛産業の生産活動が日本経済にどのような影響を及ぼすのか，そうした議論は今もなお乏しい。こうした防衛費，ひいては防衛産業に関する事柄が日本経済にどのような影響を及ぼすのか，本書では，政治的に中立な立場をとりつつこのような課題について解明していく。

方法

　日本の防衛産業に対する経済学の先行研究や，中央省庁の公表資料やマスメディアの報道を基に，日本の防衛に関する事柄が，どのような影響を日本経済に及ぼしているのかについて，データに基づいて実証分析する。この結果から上記問題設定における実態を明らかにするとともに問題点を提示する。

分析結果

　先行研究において，日本の防衛研究開発費と企業の付加価値との相関についての分析を行ったものがある。この研究では，日本の防衛部門の産業と民生部門の産業には，スピンオフ，スピンアウトの関係性がうまく機能していることが語られている。スピンオフとは，防衛部門で開発された技術を民生部門に活用すること，スピンアウトとは，民生部門で開発された技術を防衛部門に活用することを指す言葉である。つまり，日本の防衛産業と他の産業は，それぞれの発展によって互いに影響を与えあっているというものである。だが，もしその研究者が言うようにこの機能がうまく発揮されていれば，コストを度外視した防衛技術研究開発や，そこで誕生した新技術の民生部門への移転などがうまく機能し，日本は飛躍的に経済成長しているのではなかろうか。直観として，それが乏しいように思われる。この点について日本の現状を検証したい（第7章）。

　別の研究では，日本の防衛生産部門市場は欧米と比較して，安全保障環境や財政状況などといった周辺の環境の変化に対する柔軟性に欠けていることが述べられている。これは，

4

武器輸出三原則の政策方針によって武器禁輸政策が継続していたり，国際的な防衛技術の研究開発への参加が抑制されていたからである。つまり，防衛産業を支える生産基盤や技術基盤の強化が抑制されていたことが原因である。

　また，日本は2012年の第二次安倍政権の発足以降，防衛予算の後年度負担額（高額品購入のための借金）が次第に増加しつつある。これは日本が，アメリカのFMS（対外有償軍事援助）を通じたアメリカ製兵器の輸入を増加しつつあることが大きな原因である。FMSは高性能かつ機密性の高い技術を用いた装備品を購入できるというメリットがあるが，その装備品の改修・改善が国内では行えず，日本の防衛産業には，ほとんどプラスにならないというデメリットも存在している。

結び

　本章における調査によって，FMSを通じたアメリカ製兵器の導入により防衛費の後年度負担額が増大していること，日本の防衛生産部門市場は欧米に比べて柔軟性に欠けていることが分かった。

　前者のアメリカからの高性能装備導入がもたらす国内防衛産業へのデメリットなどは無視することができない。今後もアメリカからの防衛備品の購入問題に関しては議論を続けていく必要があるだろう。

　後者については，日本の防衛生産部門市場と他産業との関係に注目する。もし防衛産業とその他の産業に互恵的な関係性があるとすれば，防衛産業をより振興していくことには大きく意義がある。そのためにも，欧米に比して柔軟性に欠ける生産部門市場を改善していく努力は必要であろう。日本の防衛産業とその他の産業には相互に好影響を与えるか否かについては次章以降の分析を見てみることにする。（取引効率性については第4章，第5章，技術に関しては第7章）

　武器輸出三原則の見直しによる防衛装備移転三原則の閣議決定によって，限定的ではあるものの武器の禁輸措置が解除され，国際的な防衛技術の共同研究が容易に行えるなど，防衛産業にとっての追い風が吹きつつある。しかし，実際にはそれらがほとんど実行されていない。本書は，新しい歯止めを設けつつも，この好機を逃さないようにするべきであることを主張したい。

第2章　防衛分析のためのモデル構築

問題設定

　政権が変わるたびに防衛政策が変化しうる。一般人は総合した情報を得て初めてその政権の防衛に対しての熱意が分かる。だが，政府の防衛に関するその解説を丁寧に聞く一般人はほとんどいない。ということは，政権がやろうとしていることと一般人の理解が大きく乖離しかねない。いつの間にかに日本は軍事大国になっていたということもあり得る。政権の防衛への熱の入れ方の指標を作れば，防衛についての政策が分からなくても，一般人は防衛政策に関する方向性が理解できる。

解決法

　各政権の防衛に対しての熱の入れ方を数値化したら一般の人たちもわかりやすい。○○内閣の防衛への熱の入れようはいくつ，××内閣ではいくつといった具合である。防衛予算の大きさで判別することができるという意見もあるかと思うが，現在，GDPの1％以内という制約があるのでそれを見ただけではどの政権も似たり寄ったりである。したがって，防衛への熱の入れようを正確に表す新しい数値化された指標が必要となる。

方法

　経済学の解説もしておこう。我々消費者は，何か物を買ったりサービスを買ったりすると気持ちが高揚する。買った対象に応じて気持ちの高揚は高かったり低かったりする。つまり心の満足の大きさは数値化できる。経済学では，その大きさを効用水準と呼んでいる。

　各内閣の防衛に関する意気込みも，その時の首相によって異なるであろう。1974年の三木武夫首相はハト派，1982年の中曽根康弘首相はタカ派，2001年の小泉純一郎内閣はタカ派，2006年，2012年の安倍晋三内閣はタカ派というように首相の姿勢でその時の防衛政策への熱意が変わってくる。日本は民主主義のため国民全員の総意で決めるとは言うものの，防衛政策への熱の入れ方は首相の信条に左右される。よって，防衛への支出の「仕方」の違いでその時の首相の熱意が分かるのではないかという仮説を立てた。そして，この仮説について経済学の効用水準の測り方を応用して検証した。

具体的計算

　防衛費支出には，防衛装備品の購入，人件費，その他がある。そのうちの装備品と人件費のデータを用いて各首相の防衛に対する意識の大きさを効用水準計算式で計算した。

1986年の中曽根内閣から2013年の安倍内閣までのデータを使用した。

　ここでの計算式は，経済学で使う効用関数を利用した。効用関数というのは，買ったものの量の組み合わせによって個々の人の満足度を測定する式である。買ったものの代わりに，防衛装備品購入費，人件費を当てはめ各内閣の効用の大きさを計算した。ただし，経済学で使う効用水準は，順番を表す数値に過ぎなかったが，本稿では，効用水準を基数的に測定できる方法を開発し，それにより計算した。

計算結果

　20世紀の1980年代以降でいえば，1986年の第3次中曽根内閣において，防衛に関する効用の伸び率が非常に高かった。1982年，タカ派の論客として知られた中曽根康弘氏は内閣総理大臣となった。彼はアメリカのロナルド・レーガン大統領と親密だった。アメリカからの要望もあり，当然のことながら，中曽根内閣は防衛を強化する策をとった。それまで1976年三木武夫内閣でGNP比1％以内と決められていた防衛費の制限を1986年12月に撤廃し，新たに総額明示方式という方法をとった。1987年より3年連続でGNP比1％を突破させた。こうした防衛政策に対する意気込みが本稿の効用水準の計算結果に反映された。特にその結果を表すデータにより，1986年の効用の伸びが大きくなったことが示された。

　次に21世紀に入ってから，保守的な小泉純一郎内閣が2001年に誕生した。その直前の森内閣を除けば田中角栄派（ハト派まではいかないが，自民党の中ではハト派に近い）の流れをくむ総理大臣が並び，1970年以降中曽根内閣以外防衛に特に力を入れる内閣はなかった。小泉内閣は，自衛隊を海外の戦地に赴かせる武力攻撃事態対処法案，自衛隊法改正案，安保保障会議設置法改正案の有事関連3法案を2003年に成立させた。こうした姿勢は，効用水準にも表れ，2001年から2003年までの効用の伸び率は上昇した。また，2012年以降の第2次安倍内閣において，効用が高くなっているのが分かった。2012年12月に発足したこの内閣では，2014年に日本からの武器輸出（＋国際共同研究）を可能にしたほか，2015年に安保関連法案を通すなど，防衛を重視する姿勢が見られた。そうした内閣の姿勢を示すよう，効用の計算の結果2013年での効用水準の伸びが約1％と高かった。

結び

　このように，各内閣の防衛に関する効用の大きさを計算することにより，防衛政策への思いの強弱を可視化するにすることができた。

　タカ派内閣といっても，日本政府は，事実上防衛支出の対GDP比1％枠の予算のもとで安全保障政策を実施してきており，防衛装備と人員を増やせば効用が大きく伸びる可能性があるにもかかわらずそれを抑えてきたこともわかった。また，実際に具体的に新たな防衛安全保障政策がとられた中曽根内閣，小泉内閣，安倍内閣では防衛の効用水準が高く

なっていた。本章で提案した防衛の効用水準を定義した指標が正しいことへの証明でもあった。

第3章　効用の一般化残差理論による日本の防衛についての分析

問題設定

　前章の論理の流れを逆に考えてみた。前章では日本の各政権の防衛の効用水準を計算した。防衛費の金額，配分からその政権の防衛に対する意識の大きさを計算した。
逆とはどういうことか。効用水準のほうを先に決めて，あとから防衛費の金額，配分を決めるという流れを指す。この意義は何か。今後軍縮を行いたい首相が政権をとったとしよう。やみくもに防衛装備と人員を減らすということでは経済効率が大きく落ちる。逆に，タカ派の首相が政権をとったとしよう。やはり，やみくもに防衛装備と人員を増やしたのでは経済的無駄が生じる。彼らの防衛への意気込み（意識の大きさ）に応じた防衛費の金額とその「人件費以外の防衛費」と人件費への適正配分があるはずである。この「総額」に従った「適正配分」を明らかにするのが本章の内容である[注1]。

方法

　ここでは難しい理論を持ってこない[注2]。ミクロ経済学のもっとも基本的な消費理論の無差別曲線の理論を使う。財が二つのケースでは，この無差別曲線上のいずれの数量の組み合わせでも購入する消費者の心の効用水準は同じで，どれをとっても無差別である。では，どの購入数量の組み合わせが決定されるのか。無差別曲線と予算線が接したところで2つの財の購入量が決まる。これこそが与えられた予算内で最大の効用を得られる組み合わせである。

　軍縮のケース，防衛重視のケース[注3] に分け，その到達すべき効用水準を仮定し，その水準にあった無差別曲線を選択する。設定した効用水準を実行するための必要な最小の「金額」に従ってその無差別曲線上の「『人件費以外の防衛費』と人員の振り分け」の組み合わせを見つける。その「金額」が防衛予算にあたる。いずれのケースにおいても，最も

（注1）ただし，本章では下記のケース分けでの予算総額までは計算しなかった。式に代入すれば簡単に計算できる。

（注2）だからといって，簡単な理論だけの内容かというとそういうわけではない。前章の効用水準を計算する理論の開発こそが重要であり，そこに連動する理論である。

（注3）軍拡という言葉は日本にはなじまない。よって「防衛重視」という表現とした。

8

効率的な組み合わせを探る。

具体的解決

　まず，筆者たちは2013年度の政府の防衛に関する実際の効用水準は $u = 136{,}313$ である
と計算した。その水準を基準とし，軍縮のケース，防衛重視のケースの効用水準を次のよ
うに設定した。

　　軍縮のケースの想定する効用水準　　　$u = 120{,}000$
　　防衛重視のケースの想定する効用水準　$u = 150{,}000$

この効用水準を満たす効率的な配分結果は次のように計算された。

	人件費以外の費用（億円）	自衛隊員数（人）
防衛重視のケース	29,813	22,762
軍縮のケース	24,379	18,613

最後に，これらの効用水準を満たすのに必要な防衛の技術進歩率も計算した。次のとおり
である。

	必要な技術進歩率
防衛重視のケース	0.0093
軍縮のケース	-0.0225

つまり，防衛重視のケースに必要な技術進歩率は0.93％，軍縮で必要な技術進歩率はマイ
ナス2.25％と計算された。

結び

　経済学からの観点として，政府には経済的な合理行動も考慮に入れてほしいと希望して
いる。もし合理的な行動を行ったとしたら防衛重視派，軍縮派政府はどのような費用配分
を行えばよいかを示した。予算が血税である以上，政府は無駄をできるだけ省くよう，防
衛支出においても経済的合理行動をとるべきである。

第4章　国内防衛産業育成に関する一考査−防衛費の目視指標の開発−

問題設定

　2014年4月に武器輸出三原則が見直され，防衛装備移転三原則が閣議決定された。これにより，日本は事実上，武器輸出が解禁となった。米国務省「2015年世界軍事支出・兵器移転」（WMEAT）報告書によれば，日本は2002年からの10年間で武器輸入世界1位（調査対象170か国）であった。しかし，日本は武器輸入の大半をアメリカからの輸入に頼っており，2014年以前の日本の防衛市場はアメリカからの武器輸入を除けば，世界的に孤立していたと見てもよい。そんな中で始まった事実上の武器輸出の解禁は，日本の防衛産業にとっては追い風となりうるだろう。もし追い風となったとしても，防衛産業の成長と発展をその市場の働きに任せるだけでは，日本の国民経済に悪影響を及ぼす可能性もある。この複雑な関係について整理しておく必要がある。

解決法

　防衛産業が日本の国民経済に悪影響を及ぼすことの無いよう，その経済内に適切に根付かせる必要がある。だが，防衛産業を国民経済に適切に根付かせるといっても，そのための指標となるものがなくては，具体的に何をするべきなのかを判断することはできない。防衛産業と国民経済の関係性について，数値的にその適切性を評価できる指標が必要となる。これを「GDP1％枠」に変わる新歯止め指標と位置付ける。10進法で定義するのではなく，経済理論を軸に導くこの指標で，日本の今後のあるべき防衛産業と国民経済の姿を探る。

方法

　ある産業が他の産業に対しどのような影響を及ぼすのかを可視化するツールとして，産業連関表がある。この産業連関表を用いて防衛産業が国民経済内の他の産業に対してどう影響するのかを可視化し，それに基づいた防衛産業と国民経済間の関係性に対する評価と提案を行う。

具体的計算

　産業連関表とは，経済内の産業を部門という項目を用いて区切り，それらの連関（取引関係）を，金額を用いて示したものである。通常，産業連関表の中には様々な部門が存在するが，今回は防衛以外の部門をそれぞれ，「農林水産業」，「工業」，「その他」の3つに

統合する。産業連関表の中にはもともと,「防衛」という部門が存在しないため, 既存の部門の中でそれに該当する部分を統合し,「防衛」という部門を作成した。こうして全ての産業が「農林水産業」,「工業」,「防衛」,「その他」のいずれかにまとめられた, 四部門の存在する 4 × 4 の産業連関表ができあがる。本章では2013年の産業連関表(延長表)を基にその作業を行った。さらに, これを用いての武器輸出効果のシミュレーション分析と国民経済への影響の計算を行った。最後に防衛産業が国民経済に有効になり, かつ政府と防衛産業が独走しないようにする新歯止め指標を定義し, その計算も行った。

計算結果

(1) 武器輸出解禁効果のシミュレーション

日本が韓国, あるいはドイツと同額の武器輸出を行った場合, それぞれどれ程の経済効果があるのか。それらシミュレーションについて分析してみると, 韓国と同額の武器輸出をした場合は794億3,000万円の経済効果が, ドイツと同額の武器輸出をした場合は8,586億500万円の経済効果が生じることが分かった。

(2) 新歯止め指標

この値を算出した結果, 日本の防衛産業は, 国民経済に影響を与えるが, 国民経済からは影響を受けていないということが判明した。この判断の基準として, 日本の防衛産業は, 未だ相互に影響を及ぼし合うほどには経済の中で地位を得ていないということになる。

結び

防衛産業と国民経済のどちらをとるかは「大砲」と「バター」の議論となる。かつては「大砲」を作れば国民が「バター」を買えなくなるという関係を指した。だが現代は,「大砲」を作れば国民が「バター」を買えるようになる(=兵器を作れば国民が潤う)という可能性がある。我々の指標が防衛産業と国民経済がともに大きく影響し合い, 一体化していることを示したとき,「大砲」と「バター」の両立が成立する。こうした状況が健全か否かは議論の余地があるが, 日本の従来の在り方を鑑みれば, 極度に防衛産業と国民経済を一体化させることには慎重になるべきであろう。

以上のことから,「防衛と国民経済が双方向に影響を与え合う関係を構築するのはまだ早い。ただ, まったく影響を与え合わない独立した関係も適切ではない。どちらか一方のみが影響を与えるという関係にとどまっているのが望ましい」という新たな判断基準を設定した。防衛産業と民間経済とに適度な距離を保ちながら, 新歯止め基準内で防衛産業を育成していくべきであると考える。

第5章　日本の防衛における「産業間の取引効率性測定指標」の開発とその測定

問題設定

　ある産業を振興していくためには，他の産業との取引効率化を図ることが必要である。それは日本の防衛産業も例外ではない。また，事実上の武器輸出が解禁となった現状において，日本の防衛産業は，技術面，生産面，人材面に関しても世界の防衛産業から置いてきぼりになってしまっている。激しい国際競争に太刀打ちできない。そのため，日本の防衛産業がその効率化を図り競争力を高める事は喫緊の課題である。

解決法－防衛産業の効率化測定の新指標－

　我々が構築した経済理論を用いて，産業の効率化のための指標を作る。日本の防衛産業は，この明確な指標に基づいて効率化を図ることが可能となる。具体的には，その指標を用いて，「防衛産業は他の産業との取引を増やすべき，あるいは減らすべき」ということを示すことができる。

方法

　ここでも第4章と同様「農林水産業」，「工業」，「防衛」，「その他」の部門分けを行って分析をする。第4章との違いは，第4章が2013年の単年データを用いての分析であったのに対して，本章は，1990－2013年の時系列データを用いた分析となる。

　これらのデータを用いて，防衛部門の他部門に対する最適な取引の量を明らかにした上で，各産業の効率化のための指標（現状でよいか，今より他産業と取引を増やしたほうが良いか，減らしたほうが良いかを示す指標）となるものを作成し，それに基づいた提案を行う。

具体的計算

　第1に防衛部門の収入と費用の比率を算出する。時系列データからこの収益率が計算できる。それが1より大きければ利益あり，1ならば利益ゼロ，1より小さければ利益がマイナスと判定できる。

　第2に，この収入と費用の比率の逆数（規模の弾力性という）を計算する。この逆数の性質は，産業の生産における特徴を示す指標であり，「この指標 ＜ 1」であれば，生産量を増やせば増やすほど競争が激しくなり利潤が減ることを，この「指標 ＞ 1」であれば，独占化が進み，生産量を増やせば増やすほど利潤が増すということを意味する。

12

この結果をベースに，防衛部門の他部門との最適な取引量を算出し，それと実際の取引量の差を求め，取引量を増やすべきなのか，それとも減らすべきなのかを示す。

計算結果

計算1

防衛産業の収益率は0.5381と計算された。防衛産業の収入と費用の比率の逆数（規模の弾力性という）は，1.8583となり，1より大きかった。よって，日本の防衛産業は，生産量を増やせば増やすほど利潤が増える構造であることが判明した。とはいうものの，現時点では，生産しても販売ができないという事実から，日本の防衛産業は生産すれば利潤を増やせる構造にはなっていない。

計算2

具体的には，適切な取引量に比して，防衛部門と工業部門（第2次産業）と防衛部門同士の取引量が少なく，防衛部門とその他部門（第3次産業）の取引量は多いということがわかった。

結び

計算1の分析から，日本の防衛産業の有している特徴と，他の産業との取引の状況が判明した。生産増とともに日本の防衛産業は利潤が増えるが，生産物を生産しても販売ができない。アメリカからの購入を抑えて国産防衛装備品の購入量を増やすなど，この構造的な問題を解決するための施策が必要となることがわかった。

計算2から，防衛部門は第2次産業と防衛部門間の取引を増し，第3次産業との取引を抑制する必要があるということが言える。しかし，多すぎるからといって単純に減らすだけでは，産業間の取引が減ずるだけであり，産業の振興とは逆の方向に進んでしまう。そのため，第3次産業との取引量を減らさず，防衛産業が利益を拡大できるように，産業の体質改善を図るべきである。

第6章　大戦間の日本の軍事に関する計量的歴史分析

背景

筆者はどんな理由があろうとも戦争には反対である。しかし，不幸なことに，日本は第2次世界大戦の中心国であり，さらに過去を見れば，日清戦争，日露戦争の当事者であっ

た。たびたび日本が戦争の渦中にあったことは確かである。将来戦争を回避するために，まず過去を教訓にするべきである。いつの時点でどのようにしておけば日本は戦争を回避できたか。これが分かれば，将来の戦争も防げる可能性が出てくる。

問題設定

戦争は世論が高まったから起きるというより，為政者の戦争開始意欲の高まりが戦争を引き起こす。つまり，為政者の軍事に対する意欲の大きさ如何による。国内的にも戦争の方向に進ませようとする。ということは，為政者の軍事に対する意欲を数値化し見える化できるようにすれば，その数値の高まりを見て戦争を回避できるかもしれない。

為政者の軍事意欲を数値化して過去における戦争との関連を分析する。いつの時点で戦争の方向に加速していったのか，その時何らかの手を打てば戦争に進まなくて済んだのではないか，こうした視点で本章は分析を行った。

目的

本章の目的は，（1）この間の，軍事に対する政府の効用（意思の強さ）を数値で表して明確化させること，（2）その数値の動きからどの段階で戦争に向かう姿勢が察知され，国民がその政府をいつ止めるべきだったかの検証を行うこと，そして（3）なぜ壊滅的な敗退まで政府は敗戦を認めようとしなかったかについて数値的解析を行うことである。

方法

筆者が開発した，為政者の防衛の効用水準を測定する指標を活用する。第2章で使用したものである。防衛の各費目の金額を代入することにより，為政者の防衛に対する思いを正確に計算する理論である。それを計量経済史として分析する。

1911年の第1次世界大戦前から1945年の第2次世界大戦までを対象とした（その間の統計データを用いた）。この間，次第に軍部が政治をリードするように移っていった時期である。その議論は政治学や政治史で行われている。本章は，経済学視点でそれを数字で見える化する試みである。そして，その数字から戦争回避の可能性を読み解くという試みである。

計算結果

その計算結果が次表である。為政者の軍事に関する効用水準を指数化してみた。

為政者の指数化基数的効用

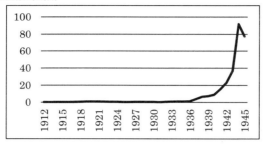

軍部が政権を担い始めた1932年の515事件から1936年の226事件にかけて効用の値が高くなり始めている。特に226事件後の軍事に関する政府の効用の急激な変化を見て取れる結果となった。これにより日中戦争や第2次世界大戦につながった背景を示すことができた。

歴史的分析

1932年，大恐慌後の政府の運営に不満を持つ軍部の青年将校が犬養毅首相を暗殺する515事件が発生した。この事件後，政党から出ていた首相から軍関係の首相に代わり，その状態が第2次世界大戦終結近くまで続くことになった。515事件以降の軍出身者の首相の内閣では，軍事費が増加し始めた。

1936年に226事件が起きた。陸軍の青年将校が首相官邸を襲ったクーデター未遂事件である。彼らが総理官邸，警視庁などを占拠した。岡田啓介首相の暗殺に失敗し結局未遂に終わったが，再クーデター発生を防ぐため内閣に対して軍がより一層の介入を強める結果となった。まさに，この事実がその後政府の軍事の効用を急速に高める転機となった。こうした背景があり，軍が支配する政府は，1937年以降軍事費を急速に増大させている。

軍事クーデター未遂事件が起きた時に一気に軍事拡大が図られ，軍事拡大の歯止めが利かなくなった事実から判断すると，歯止めをかけるべき時期は，両クーデター未遂事件の合間の1937年までであったと考えられよう。

結び

本章の目的は3つあった。第1は，1900年代前半の軍事に対する政府の効用を数値化して見える化することであった。政府の軍事に対する効用の見える化に関しては，第2次世界大戦への日本政府の異様な戦争意欲と効用を読み取れる数値を得た。世界恐慌が引き金となり，国民の生活のために既存の政治体制を壊すという大義名分ができ，軍がクーデター未遂事件を起こすきっかけとなった。515事件，226事件を通して，政治への軍の介入がより一層強まった。それらの歴史的出来事と対応している数字を得ることができた。

15

　第2は，その数字の動きから，第2次世界大戦を防ぐためにはいつ歯止めをかけるか読み取ることであった。いつ歯止めをかけるべきだったか，その時期の明確化については，1936年の226事件の時であったことが分かった。226事件の後は，政府の効用というよりも，軍の効用が日本の軍事に関する効用そのものになってしまった。515事件での軍からの首相就任を阻止すべきだったのか，226事件の際に軍の介入強化を阻止すべきだったのか。具体的手法についての研究が必要だが，本章で計算した軍事の効用の数値からは，これらの事件の意味が読み取れた。

　第3は，第2次世界大戦の敗戦時，政府が後に引けなくなった状況を数値で表すことであった。1944年－1945年の効用を見ると，政府が引くに引けない状況になってしまったことが見て取れ，これが終戦の判断を誤らせ，原爆投下やソ連の侵攻などを招くこととなってしまった。これらの事情も，我々が得た数値から判断できる。

　政府の防衛に対する効用の数値が急激に上がる時は注意が必要である。そのあとの防衛に力を入れる意欲は収まるどころか，高まっていくだけの可能性がある。そのためには，第2章や本章で開発した理論による効用水準の継続的計測が必要であろう。

第7章　日米安全保障条約と日本の経済成長

問題設定

　日本の高度経済成長は，日米安全保障条約（以下，安保条約）があってこそ成し得たものだという言説がある。安保条約によって，日本は米国の軍事力に守られ，防衛費の負担が軽減され，貴重な資源も民生部門の経済活動に回すことができたというのが，その言説の根拠である。

　防衛部門が経済に対して与える影響についての議論は，得てしてイデオロギーの要素が絡み，それが国家の政策に関するものであっても冷静に議論が行われないことがある。

　だが，国家の安全保障政策とは国家の基盤を成す重要な政策である。日本の防衛費が増大することや，安保条約の存在が日本の経済にどのような影響を及ぼすのか，そうしたことを客観的且つ妥当性のある根拠に基づいて論じられるようにする必要がある。

方法

　防衛に関する経済活動が，他の経済活動に対しどのような影響を及ぼすのかについて，客観的かつ妥当性のある方法で論じればよい。具体的には，経済理論や統計的手法などを駆使して，その影響を数理的に示していく。

16

　Feder-Ramモデルと呼ばれる経済理論モデルの一種である二部門モデルを用いて，安保条約に基づいて供給される日本の防衛サービスが，日本の経済成長にどのような影響を及ぼしてきたのかについて外部効果（externality effect）を中心に考察する。

　なお外部効果とは，ある経済主体の経済活動が，市場内での取引を介さずに他の経済主体の経済活動に影響を及ぼすことをいう。ここでは日本という国家が防衛サービスを提供するという経済活動によって，国民の経済活動にどのような影響を及ぼすか，という様に置き換えることが出来る。また，外部効果は，他の経済主体に対し良い影響を与える場合は，正の外部効果があると呼ばれ，逆に悪い影響を与える場合は，負の外部効果と呼ばれる。

具体的計算

　Feder-Ramモデルには，その経済理論モデルを用いた推定を行う際に，推定結果に誤りをもたらす恐れのある多重共線性が発生してしまう欠点がある。そのため，いくつかの統計分析的手法も併用した。

　こうした手法に基づいて，1994年度第1四半期から2017年度第4四半期までの日本の種々の統計データ（GDP，労働力，財政に関するもの等）を対象に分析を行った。

計算結果

　分析の結果，日本という国家が提供する防衛サービスは，財やサービスの需要と供給の均衡が実現していないような，ある種現実的な経済状況においては，いくつかの外部効果を持つことが判明した。具体的には，日本の防衛費拡大はマクロ経済の成長と，非防衛部門経済に対し正の外部効果を持つこと，米国が安保条約を通じる形で日本への防衛協力努力を増加させれば，間接的に日本の非防衛部門経済に正の外部効果をもたらすことがわかった。ただし，この米国の防衛努力増大による間接的な正の外部効果（例：在日米軍が日本で軍事演習をすることなど）は極めて小さく，0と言っても差支えが無いレベルのものであった。

留意点

　これまでの分析から，日本の防衛サービスは非防衛部門に対して正の外部効果を持つことが判明した。しかし，同様の手法を用いても推定に用いるデータの期間を四半期データから年次データに変化させると，日本の防衛サービスが負の外部効果を持つという逆の結果が出てくる。こうしたことから，現段階では，防衛サービスが持つ外部効果が正であるか負であるかを決定するということは不可能である。そのため，政府による政策の決定もどの推定結果を採用するかによって大きく異なってきてしまうのであろう。

（http://www.mod.go.jp/j/approach/agenda/meeting/bo-san/houkoku/si-07.html）

に於いてもFMSと一般輸入の特徴について詳細な内容を公表している。

（2019/2/3）閲覧

（21）ただし，F15を最大100機分，F35に買い替えるにしても，それは性能の点で改修しても性能の向上が見込めないためという見解もある。

（22）FMS調達額の推移については次の資料。

・防衛省『「「防衛装備・技術政策に関する有識者会議」報告書」を受けた最近の防衛装備庁の取組について（別冊）』p.23

（http://www.mod.go.jp/j/approach/agenda/meeting/bouei_gijutsu/sonota/07_b.pdf）

・財務省『資料3　防衛　平成30年4月6日』p.34

（https://www.mof.go.jp/about_mof/councils/fiscal_system_council/sub-of_fiscal_system/proceedings/material/zaiseia300406/03.pdf）

この二つからH24〜30年度までのFMS調達額の値を引用した。

尚これらのFMS調達額は契約ベースの値となっており，防衛省が公表した『中央調達の概況　平成30年版』

（http://www.mod.go.jp/atla/souhon/ousho/pdf/ousho_total.pdf）

のP.57に於いて公表された平成29年度のFMS契約実績の値とは異なっている。参議院で公表されている資料『立法と調査　397号（平成30年2月6日）』p.84

（http://www.sangiin.go.jp/japanese/annai/chousa/rippou_chousa/backnumber/2018pdf/20180206074.pdf）

の『FMS予算額の推移』という項目では契約ベースの値を使っていたので，ここでは契約ベースの値を用いて図を作成した。（全て（2019/2/3）閲覧）

（23）会計検査院『次期戦闘機（F−35A）の調達等の実施状況について』

（http://report.jbaudit.go.jp/org/h28/ZUIJI11/2016-h28-Z11015-0.htm）

この資料では会計検査院がFMS契約の問題点を明確に指摘している。

（2019/2/3）閲覧

（24）防衛装備庁装備政策部『防衛産業に関する取組』　平成28年6月15日

（http://www.mod.go.jp/j/approach/agenda/meeting/bouei_gijutsu/sonota/03_a.pdf）

この資料のP.6に於いても『我が国の防衛産業関連予算の動向　②』という項目で，有償援助FMS調達額の推移のデータが記載されている。この資料では様々なデータを用

いた輸入問題に限らない国内防衛産業の問題点が解説されていた。

（2019/2/3）閲覧

第2章　防衛分析のためのモデル構築

1．防衛計量経済分析

1－1　日本の防衛指標の提案

　ミクロ経済理論を活用した日本の計量経済学的防衛分析はほとんどなかった。その理由は，経済理論が前提とする効用最大化や利潤最大化が防衛分析に適用しにくいと考えられていたからである。また，日本では，従来，安全保障学と経済学は，独立した研究分野で取り扱われていることも理由に挙げられる。かつて経済学では安全保障を取り扱わなかった。安全保障学と経済学を統合して考察する研究は，1960年代より欧米で「防衛経済学」として生まれ，すでに発展してきている。

　第2章の目的は，防衛経済学の観点から，安全保障学的アプローチと経済学的アプローチをつなぐことである。具体的には，日本の安全保障政策における効用がいったい何を意味するのか，利潤が何なのか，判然としにくかった。本章では効用の指標として，新たな日本の防衛指標を作成する。防衛支出がGDPの1％以内など，これまでの日本の防衛指標は，概算的な数値しかなく，単なる10進法の制限に過ぎなかった。防衛支出の対GDP1％枠の数字の指標からは，政府が目指すべき防衛水準が国民にはわかりにくかった。本章では，日本の防衛指標の計算方法を開発し，それによって新たな指標を定義した。日本の歴代各政権が，どの程度，安全保障政策に力を入れているかを可視化する。本章では，政府の安全保障政策に対する意欲を数量化する指標として提案していく。

　安全保障学的アプローチと経済学的アプローチを統合した実証分析を本章で

は，防衛計量経済分析と名付ける。

1－2　モデルの特徴

　本章の防衛計量経済モデルは，これまで現実経済分析に適用しにくかったミクロ経済理論を実証分析に適用可能にした点である。本章の防衛計量経済モデルは安全保障学的アプローチと経済学的アプローチをつなぐモデルである。

　このモデルの特徴は，序数的効用ではなく，基数的効用を計測可能にした点にある。効用を正確に測定することによって，経済の各分野への応用の幅が広がる。本章のモデルは防衛経済学の一モデルとして機能していることも特徴である。効用を既に存在したデータとして活用するのではなく，本章モデルで計算できる数値としている。従来，人や組織の心や意識を数値化するのは難しかったが，本来，基数的効用理論はその分野で力を発揮すべきものである。しかし，社会的厚生の最大化という分析はあったが，為政者の心理を計測する基数的効用分析がなかった。本章のモデルでそれらを正確に推計できるようにした。本章のモデルは政府の防衛意識の度合いが計算できるので，国民や他国にとって可視化しやすく，非常にわかりやすい。本章のモデルは防衛の分析には最も適したモデルである。

1－3　先行研究

　Sandler and Hartley（1995）は，「防衛経済学は経済学の分析ツールを国防，軍縮，軍民転換，平和の問題に応用する」（序文）ことを目的とした研究書である。防衛経済学の本質は，経済学の理論や実証分析等の道具を使って安全保障問題を分析していくことである。また防衛経済学は，平和研究では取り扱わないような軍拡や防衛支出を含めて，武器支出の動向や防衛政策，戦争（紛争）に関わる経済問題に軸を置いている。

　防衛経済学の観点から日本の防衛を考察したAndo, S.（2015）では，自己回帰分布ラグモデル（ADLモデル）を使用して，アメリカの防衛が日本の防衛に貢献しているのか否かを長期と短期の両面から検証している。Ando, S.（2015）

の推定結果によると，日本の防衛支出は，アメリカ側に一定の役割を果たしていて，日本は，アメリカに対して協調していることが示されている。Ando, S. (2015) では，本章の日本の防衛に対する「効用」を示す分析とは異なり，日本の防衛支出の波及効果に関して，マクロ経済学的視点から考察を行っている。

　他方，経済理論側の先行研究は，Theil（1980a）（1980b）があげられる。本章での基数的効用を計測するためには，効用関数の 1 次同次性の仮定を取り除かねばならない。しかし，1 次同次性に代わる規模の弾力性の値（同次性の次数）を実証的に計算するのは容易ではない。Theil のシステム－ワイド・アプローチの理論はこれを可能にした。しかし，その特性の発展可能性に Theil も気づいていなかったことから，筆者たちがその特性を発展させ，新たなモデル構築に至った。

　水野（1998）では，食肉に関して基数的効用関数を実際に推定した。本章のように，従来の研究の中心であった消費からかけ離れた分野への応用には至っていない。本章は，この理論を，これまで経済理論を適用しにくかった分野に応用した斬新な研究である。

2．モデル分析

2－1　CES 型効用関数の推計

　本章のモデルでは，効用を基数的であることを前提とする。それに基づいて，CES 型効用関数を定義した上で防衛の効用関数を作成し，その効用関数の推定を行う。本章のモデルの特徴は，1 次同次の効用関数ではなく μ 次同次の効用関数を定義することである。つまり，規模の弾力性が 1 でない一般的なケースを扱う。1 次同次は形式的な序数的効用しか計算できない。それに対して，μ 次同次の効用関数では，関数が規模に関して逓増状態であったり，逓減状態であったりというように，心理状態が正確に測れるとする基数的効用が計算できる。

　以下，次の効用関数を用いて基数的効用を計算する。べき乗数に μ が含まれ

ているのが特徴である。効用関数を μ 次同次にすることにより，正確に心理の度合いを計算できるとする基数的効用が測定できる。

$$u = (\alpha_1 q_1^{-\beta} + \alpha_2 q_2^{-\beta})^{-\frac{\mu}{\beta}} \qquad\qquad (2-1)$$

q_1：防衛装備品

　　　実際には，防衛関係費－人件・糧食費　で求める

q_2：自衛官現員数総計

p_1：防衛装備品価格

　　　国債金利 r を実質化した数値　$1 + r$

　　　　理由：政府の資金は，事実上国債発行で賄っているため

p_2：一人当たり人件・糧食費

分配パラメータの制約は置かない。（$\alpha_1 + \alpha_2 \neq 1$）

u：防衛に関する政府の効用

　このときのuの解釈は，次のようになる。この効用関数の主体は，政府である。つまり，政府が防衛に関して，フローの装備品と人員を消費している。よって，ここから得られる効用は，国民の効用ではなく，その時の政府の効用となる。この式の計算結果の効用水準は，その時々の政府の効用を表している。

2－2　CES型効用関数の推計手順

　CES型効用関数の推計の最初の手順として，次の需要関数の推定を行う必要がある。CES型効用関数の各パラメータの推計値を導出するために，必要な数値を計算する。次式によって，μ 次同次の μ 以外の値を計算することができる。

$$\frac{p_2}{p_1} = a \left(\frac{q_2}{q_1}\right)^b \qquad\qquad (2-2)$$

　　データおよび推定の期間：1986年〜2013年

この需要関数は対数形に変形して推定することになる。

$$\ln\frac{p_2}{p_1} = \ln a + b \ln \frac{q_2}{q_1} \qquad (2-2)'$$

（2－2）'式のOLSの推定結果は，次のようになる。

$$\ln\frac{p_2}{p_1} = 0.1105 + 0.1090 n \frac{q_2}{q_1} \qquad (2-2)''$$

$$(14.3688) \quad (3.7405)$$

$$R^2 = 0.3498$$

（2－2）''式の推定結果によると，決定係数については，高くはないが，説得力を持つ結果が得られた。また，括弧内のt値についてみると，各変数ともに，有意水準１％を満たしており，それぞれ説明力を持つことが示されている。

　この結果，（2－2）式のa，bのパラメータがそれぞれ求まるので，CES型効用関数の各パラメータとの対応関係を示しながら計算すると，次のような結果を得る。

$$a = 1.1168$$
$$b = 0.1090$$
$$\alpha_1 = 1/(b+1) = 0.9017$$
$$\alpha_2 = a/(b+1) = 1.0070$$
$$\beta = -(b+1) = -1.1090 \qquad (2-3)$$

以上で，（2－1）式の大半のパラメータの推定値が求まった。

2－3　システム－ワイド・アプローチの推定（＝規模の弾力性の推計）

　（2－1）式の計算に必要にもかかわらず唯一計算されていないパラメータ μ（規模の弾力性，μ 次同次）を求めるため，Theil（1980a）（1980b）のシステム－ワイド・アプローチ理論を活用する。その理論の消費需要方程式は，微分形需要方程式の相対価格式で次のように表される。

$$w_1 \mathrm{dln} q_1 = \theta_1 \mathrm{dln} Q + \phi \, \theta_{11} \mathrm{dln} \frac{p_1}{p_F} + \phi \, \theta_{12} \mathrm{dln} \frac{p_2}{p_F}$$

$$w_2 \mathrm{dln} q_2 = \theta_2 \mathrm{dln} Q + \phi \, \theta_{21} \mathrm{dln} \frac{p_1}{p_F} + \phi \, \theta_{22} \mathrm{dln} \frac{p_2}{p_F} \qquad (2-4)$$

本来 q_1, q_2 は消費財第 1 財，第 2 財の需要量であった。ここでは，防衛装備品，自衛官現員数総計と考える。p_1, p_2 はそれらの価格である。（2－4）式において，

$$\mathrm{dln} p_F = \theta_1 \mathrm{dln} p_1 + \theta_2 \mathrm{dln} p_2 \qquad (2-5)$$

はフリッシュ価格指数（の微分変化形）である。$\mathrm{dln} Q$ はディビジア数量指数（の微分変化形）であり，

$$\mathrm{dln} Q = w_1 \mathrm{dln} q_1 + w_2 \mathrm{dln} q_2 \qquad (2-6)$$

で表される。また，ϕ は所得の伸縮性である。ここで，$w_i (i=1, 2)$ は，予算シェア（予算に占める各財のシェア）

$$w_i = p_i q_i / (p_1 q_1 + p_2 q_2) \qquad (2-7)$$

$\theta_{ij} (i=1, 2, j=1, 2)$ は限界シェア（予算が増えたときにそれに応じて各財のシェアがどれだけ増えるかの割合）

$$\theta_i = \partial p_i q_i / \partial (p_1 q_1 + p_2 q_2) \qquad (2-8)$$

を表す。各制約として，次のように，足すと 1 になる。

$$w_1 + w_2 = 1 \tag{2-9}$$

$$\theta_1 + \theta_2 = 1 \tag{2-10}$$

予算シェアについては，各シェアともゼロよりも大きく 1 よりも小さいという制約があるが，金利を資本の価格とした場合，昨今は（財の価格が金利の場合）マイナス金利も実現していることから，Theilが定義した時代と違って必ずしもこの制約が成り立つとは限らなくなっている[1]。ここではそれを r ＋ 1 として対処した。また限界シェアについては，もともと予算シェアのような「ゼロよりも大きく 1 よりも小さい」という制約は存在しないので，マイナス値もとりうる。

　実際の推定は，以下の絶対価格式で行う。これは相対価格式と同値である。

$$w_1 dlnq_1 = \theta_1 dlnQ + \pi_{11} dlnp_1 + \pi_{12} dlnp_2$$
$$\Leftrightarrow \quad w_1 dlnq_1 = \theta_1 dlnQ + \pi_{11}(dlnp_1 - dlnp_2) \tag{2-11}$$

ここで，（2 −11）式の π_{11} と π_{12} には，

$$\pi_{11} + \pi_{12} = 0$$
$$\pi_{21} + \pi_{22} = 0$$
$$\pi_{12} = \pi_{21} \tag{2-12}$$

という制約が課される。したがって，（2 −11）式の書き換えが可能となるのである。この制約から，2 財についての方程式は推定する必要がなく（（2 −11）式の上式の推定は必要なし），（2 −11）式の下式だけを推定しその中に含まれるパラメータはすべてこの制約から計算される。

　また，（2 − 4）式と（2 −11）式の対応に関して次式も成り立っている。

$$\pi_{11} = \phi(\theta_{11} - \theta_1^2)$$
$$\pi_{12} = \phi(\theta_{12} - \theta_1 \theta_2)$$

$$\pi_{21} = \phi(\theta_{21} - \theta_2\theta_1)$$
$$\pi_{22} = \phi(\theta_{22} - \theta_2{}^2)$$
$$\theta_1 = \theta_{11} + \theta_{12}$$
$$\theta_2 = \theta_{21} + \theta_{22} \qquad\qquad (2-13)$$

（2－12）式と（2－13）式の制約のもと，Theil（1980b）と同様，誤差項に正規分布を仮定して（2－11）式の下式をOLSまたは最尤法で推定する[2]。

（2－11）式の下式のOLSの推定結果は次の通りである。推定期間は，1986年-2013年である[3]。

$$w_1 d\ln q_1 = 0.2478\, d\ln Q - 0.0923(d\ln p_1 - d\ln p_2)$$
$$(2.8213) \qquad\quad (-1.9206)$$
$$R^2 = 0.5189$$

ここで，パラメータ推定値が次の値であることが分かる。

$$\theta_1 = 0.2478$$
$$\pi_{11} = -0.0923$$

それぞれのパラメータを計算すると，上記の制約条件をおき，そして所得の伸縮性であるϕを－0.5とおくと，以下の表2-1のようになる[4]。

表2-1　システム－ワイド・アプローチのパラメータの推定値

$\theta_2 = 1 - \theta_1 = 0.7522$			
π_{11}	-0.0923	θ_{11}	0.2460
π_{12}	0.0923	θ_{12}	0.0018
π_{21}	0.0923	θ_{21}	0.0018
π_{22}	-0.0923	θ_{22}	0.7504

表 2 - 1 より，CES型効用関数の μ 次同次の μ にあたる，規模の弾力性 μ が求まる。

$$\mu = (\beta + 1) \frac{\theta_{12}}{\theta_1 \theta_2} - \beta = 1.1079$$

このように，規模の弾力性 μ の値は1.1079であった。つまり，日本の防衛の効用については，1.1079次同次効用関数であった。これは，日本政府は，長い間，防衛支出の対GDP比 1 ％枠の予算のもとで安全保障政策を実施していて，防衛装備と人員を増やせば効用が大きく伸びる可能性があるにもかかわらず，それを抑えてきたことを意味している[5]。

3．新しい指標の可視化

3 - 1　基数的効用の計算

　CES型効用関数に，推定に活用した各データを代入することにより，これまでの防衛に関する政府の基数的効用を計算した。同時に，その伸び率も計算した[6]。図 2 - 1 が防衛に関する政府の基数的効用，図 2 - 2 がその伸び率を表している。図 2 - 1 をみると，防衛に関する政府の基数的効用は，2003年まで上昇し，2004年から2009年は微小な減少が見られ，それ以降は上昇傾向が見られる。また，図 2 - 2 においては，1987年を最大として，伸び率の増減は繰り返しながら推移している。近年の2011年から2013年にかけては上昇傾向となっている。

図2-1　防衛に関する政府の基数的効用

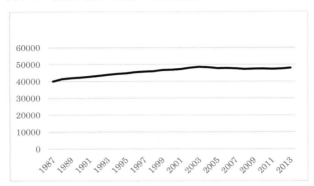

図2-2　防衛に関する政府の基数的効用の伸び率

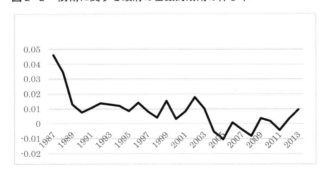

3-2　計算結果を活用しての分析

　図2-1や図2-2で示されている防衛に関する政府の基数的効用の計算結果から，歴代内閣の国防に対する意識が分析できる。

　表2-2aと表2-2bは，1980年代後半と90年代，および2000年代の歴代内閣の変遷とともに，年度ごとの国防に対する意識分析として，図2-1と図2-2を数値化したものを表している[7]。歴代の日本の内閣総理大臣は，防衛に関して穏健派と呼ばれる人たちがおおむね多かった。その中でも，防衛に対する意識の高さが表れている内閣の存在，そしてその背景を表2-2aと表2-2bから考察する。

　まず表 2 - 2 a をみると，第 3 次中曽根内閣において，効用の伸び率が高い。中曽根康弘氏は1982年，内閣総理大臣となった。タカ派の論客として知られ，若いころから，自民党内での右寄りの姿勢を示してきた。彼が総理大臣になった当時，経済はバブル期直前であり，ロナルド・レーガン米大統領との親密さが深かった。アメリカからの要望もあり，当然のことながら，中曽根内閣は防衛を強化する政策をとった。中曽根内閣はそれまで1976年三木武夫内閣でGNP比 1 ％以内と決められていた，防衛費の制限を1986年12月に撤廃し，総額明示方式とした。1987年より 3 年連続でGNP比 1 ％を突破させた。効用水準の伸び率の高さは，中曽根内閣の思いの表れと言えよう。

表 2 - 2 a　歴代内閣の国防に対する意識分析（1986年-1999年）

年度	内閣の変遷	基数的効用	効用伸び率	年度	内閣の変遷	基数的効用	効用伸び率
1986	（第 3 次）中曽根康弘	106225.0	……	1992	宮澤	121472.2	0.0163
1987	（第 3 次）中曽根→竹下登	111543.0	0.0501	1993	宮澤→細川護熙	123264.1	0.0148
1988	竹下→宇野宗祐	115727.2	0.0375	1994	細川→羽田孜→村山富市	124999.3	0.0141
1989	宇野→（第 1 次）海部俊樹	117250.7	0.0132	1995	村山	126322.2	0.0106
1990	（第 1 次）海部→（第 2 次）海部	118145	0.0076	1996	村山→（第 1 次）橋本龍太郎	128188.5	0.0148
1991	（第 2 次）海部→宮澤喜一	119524.6	0.0117	1997	（第 2 次）橋本	129394.7	0.0094
				1998	（第 2 次）橋本→小渕恵三	130106.2	0.0055
				1999	小渕	132322	0.017

　次に，表2-2ｂにおいて，2000年代における歴代内閣の国防に対する意識を見ると，2001年から2006年までの小泉政権の間は，効用が高くなっている。2001年に，小泉純一郎内閣が誕生した。その直前の森内閣を除けば田中角栄派の流れをくむ総理大臣が並び，1970年以降中曽根内閣以外防衛に特に力を入れる内閣はなかった。小泉内閣は，自衛隊を海外の戦地に赴かせる武力攻撃事態対処法案，自衛隊法改正案，安保保障会議設置法改正案の有事関連3法案を2003年に成立させた。こうした姿勢は，効用水準にも表れ，2001年から2003年までの効用の伸び率は上昇してる。

表2-2ｂ　歴代内閣の国防に対する意識分析（2000年-2013年）

年度	内閣の変遷	基数的効用	効用伸び率	年度	内閣の変遷	基数的効用	効用伸び率
2000	小渕→（第1次）森喜朗（第2次）森	132886.3	0.0043	2006	（第3次）小泉→（第1次）安倍晋三	136013.6	0.0008
2001	（第2次）森→（第1次）小泉純一郎	134150.7	0.0095	2007	（第1次）安倍→福田康夫	135359.1	−0.0048
2002	（第1次）小泉	136802.9	0.0198	2008	福田→麻生太郎	134176.2	−0.0087
2003	（第1次）小泉→（第2次）小泉	138352.9	0.0113	2009	麻生→鳩山由紀夫	134757.1	0.0043
2004	（第2次）小泉	137468.4	−0.0064	2010	鳩山→菅直人	135008.4	0.0019
2005	（第2次）小泉→（第3次）小泉	135903.4	−0.0114	2011	菅→野田佳彦	134412.6	−0.0044
				2012	野田→（第2次）安倍	134975.8	0.0042
				2013	（第2次）安倍	136313	0.0099

　また，2012年以降の第2次安倍内閣において，効用が高くなっている。第2次安倍晋三内閣は2012年12月に発足した。この内閣では，2015年に安保関連法案を通すなど，国防を重視する姿勢が見られた。そうした内閣の姿勢を示すよう，2013年での効用水準の伸びが約1％と高かった。防衛への並々ならぬ意欲が，そこから見て取れる。

4．総括

　本章では，日本の安全保障政策における効用の指標を考察し，それによって新たな日本の防衛指標を定義した。また，その新たな指標によって，歴代内閣の国防に対する意識の高さを数量化し，歴代内閣がどの程度，安全保障政策に力を入れているかを可視化した。本章の成果は以下である。

　第1に，効用関数で分析する際，政府の効用関数をμ次同次性と仮定し，正確に心理の度合いを計算できるとする基数的効用を測定できるモデルを構築した。効用関数のべき乗にそのμが含まれるが，それを計測可能とした。計測の結果，政府の効用関数は，1.1079次同次であった。本章の冒頭で述べたように，日本政府は，長い間，防衛支出の対GDP比1％枠の予算のもとで安全保障政策を実施していて，防衛装備と人員を増やせば効用が大きく伸びる可能性があるにもかかわらずそれを抑えてきたことを意味する。

　第2に，本章で構築した政府の効用関数に基づいて，防衛に関する政府の基数的効用の計算結果から，歴代内閣の国防に対する意識を分析した。分析の結果，防衛重視といわれている中曽根内閣，小泉内閣，第2次安倍内閣の防衛の効用水準が高くなっていることが測定できた。つまり，安全保障政策に力を入れている内閣では，その方針が反映される形で効用水準が計算され，本章で構築したモデルが安全保障の経済分析に適合できることが示された。本章の効用関数を用いて，歴代内閣の防衛に対する効用水準を正確に測定可能にしたことは，日本の防衛の歴史の数量化に成功したと言える。

　しかしながら，本章のモデルの最大の特徴の一つは，基数的効用を計算した

結果を活用して，様々な応用展開が期待できることである。無差別曲線の分析
や残差分析などから，防衛に関する政策提言については，第3章で述べる。

付録　データの出所と加工方法（年度データとしてある）

防衛装備品：
　　「防衛関係費―人件・糧食費」として計算した。
　　出所：防衛年鑑
防衛関係費（億円）
　　人件・糧食費（億円）
　　出所：防衛年鑑
労働：自衛官現員数
　　出所：防衛年鑑
価格
　　防衛装備品：国債新発債流通利回 10年
　　　出所：財務省ＨＰ金利情報　　74－90年は年末値。85年以前は9年国債
　　自衛官
　　　人件・糧食費（億円）
　　　出所：防衛年鑑
実質化の方法
防衛装備品，人件・糧食費については，政府最終消費支出デフレータ（2005年
価格）で実質化して活用した。政府最終消費支出デフレータについては，内閣
府国民経済計算を活用した。

【注】

(1)　Theil（1980a）（1980b）の時代はマイナス金利が存在せず，予算シェアはゼロ以上1以下ととらえられていた。

(2)　推定には最尤法を適用するが，誤差項に正規分布を仮定するため，OLSを適用して推定した。

(3)　データに関しては，付録を参照されたい。

(4)　Theil（1980a）（1980b），水野（1998）で所得伸縮性を−0.5と置いて推計している。

(5)　後述するように，防衛支出の対GNP比1％枠は撤廃されているが，現在も防衛支出のGDPに対する割合は，1％近辺を推移してきた。

(6)　効用の伸び率の計算は，年度ごとに防衛装備品と人件・糧食費を代入して求めた。

(7)　歴代内閣の在職期間については首相官邸ホームページ内の歴代内閣一覧を参照した。http://www.kantei.go.jp/jp/rekidainaikaku/

第3章　効用の一般化残差理論による日本の
防衛についての分析

1．はじめに

1−1　趣旨と目的

本章は第2章の続きである。

防衛に関してミクロ経済理論から実証分析が進んでいない。その壁を突破するために，前章を著した。そこでは，基数的効用関数を前提に，防衛に関する政府の効用水準を計算した。その結果として，各内閣の防衛に対する姿勢が顕著に表れ，社会やマスコミで言われていた各内閣の姿勢が反映された結果になった。本章は，それに基づいて，応用展開し，社会での防衛の在り方の考察により一層の貢献をする。

本章の内容は次のとおりである。

第1に，防衛に関する無差別曲線分析を行った。経済理論で基本として位置付けられる無差別曲線であるが，防衛の2財分析では，様々な可視化を行うことができる。現状での問題点，軍拡を図るときに人件費以外の防衛費と自衛隊人員がどれだけ不足し，その不足を政策的にどう補うか，逆に軍縮を図るときには，それらがどれだけ過剰で，どのように削減すべきなのか，それらを経済理論に沿って論じることができる。

第2に，政府の効用についての残差分析を行った。これは，水野勝之（1986）で開発した，本章のもっともオリジナルな部分のひとつである。そこでは，規模の経済を前提にした（生産関数の規模の弾力性を可変とした）全要素生産性の計算を開発した。効用にも消費した部分からの効用だけでなく，技術が向上したことによる効用の部分があるので，その値を計測した。例えば，同じ携帯電

話を持っていても，アンテナ数が増える前と増えた後（技術進歩後）のそれか
らくる効用は違ってくるはずだ。それを効用分析に応用したものが，水野勝之
（1998）の「効用の一般化残差理論」である。効用関数の μ 次同次性を効用の
全要素生産性式に組み込んだ理論である。

　上記を使ってのシミュレーション分析のために，政府などが設定する目標効
用水準を設定した。軍拡のケースと軍縮のケースについてである。前者の場合，
現在の備品・人員だけでは足りない部分，つまり残差の大きさ（伸び率）につ
いて計測した。後者の場合，軍縮では多すぎる部分つまり技術進歩の行き過ぎ
の大きさを計測した。前者の場合には，過剰な軍拡を抑えるための防衛の技術
進歩率の計測につながったし，後者の場合は，軍縮のための防衛の技術進歩の
指標が出来上がった。

　以上を通して，経済理論に基づいたシミュレーションを適用し，政府の防衛
を数量的にコントロールすべきであるという結論を導いた。こうした経済理
論に基づいての防衛のコントロールの理論は我々のオリジナルなところであろう。

　先行研究は第1章と同様であるため割愛する。

2．無産別曲線分析

2－1　基数的効用関数

　Ando（2015）が時系列モデルであったのに対し，第1章では，Sandler and
Hartley（1995）に従って経済理論モデルを展開した。ここでは（2－1）式
に第2章の推定結果を当てはめた式を示そう。第2章の1986年から2013年ま
での推定期間である。

$$u = (0.9017 q_1{}^{1.1090} + 1.007 q_2{}^{1.1090})^{1.1079/1.1090} \qquad (3-1)$$

これが得られた，防衛に関する政府の効用関数である。このときの μ 同次の μ
は，1.1079であった。

2－2　無差別曲線

　そこで，縦軸にq_2，横軸にq_1をとって無差別曲線を描く。そのため，上式をq_2について書き直す。

　1.1079次同次の時の無差別曲線は次式である。

$$q_2 = (-0.8954 \times q_1^{1.1090} + 0.9903 \times u)^{0.9017} \qquad (3-2)$$

ここでは，1.1079次同次を前提に分析する。まず，現状（2013年），軍拡，軍縮の場合について，（3－2）′式を計算した。表1に記載した。実際の人件費以外の防衛費q_1を（3－2）′式代入して，軍拡の場合$u=150000$，軍縮の場合$u=120000$，実際の2013年度の効用水準$u=136313$のそれぞれを実現する自衛隊人員q_2を計算した。

図3-1　無差別曲線と予算線

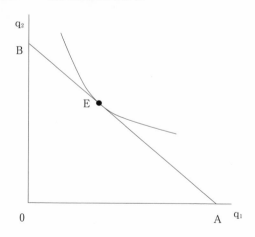

　図3-1は2013年度の効用を実現させる無差別曲線である。予算線は2013年度のq_1とq_2の数値を代入して計算している。また，価格については，2013年度の$p_1=1.0074$（国債金利，1＋金利），$p_2=0.0948$（億円，一人当たり人件費・糧食費）を使っている。このときの均衡点Eは，2013年度のq_1とq_2の実際の

値（26994，21407）である。

2－3　軍拡の際の無差別曲線と最適点

　さて，シミュレーション分析では，効用を高める場合と効用を低める場合の両方を考える。

　防衛に力を入れた政権が，現在よりも約１割大きい効用水準150000を設定したとする。これを2013年度から10年間で実現させるとしよう。図3‐2は2013年度時の無差別曲線と予算線である。予算線が，$u = 150000$の効用水準の無差別曲線に全く足りない。図3‐2の無差別曲線が$u = 150000$の水準のものであり，予算線は図3‐1のものである。

図3‐2　効用水準150000の無差別曲線と予算線

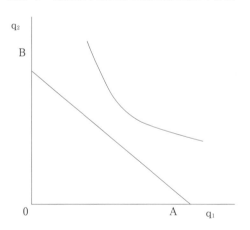

　そこで，政府はこの接点を達成するための方策を立てなければならない。予算線を右上にシフトさせて，無差別曲線と接するために，財政政策を実施する。そのためには，新たな最適点のq_1とq_2はいくらになるであろうか。財政政策なので価格p_1，p_2は変化しないものとして分析する。

　　連立方程式

　　　　・$u = 150000$

- （3－2）式
- p_1＝1.0074（2013年度の実際の値）
- p_2＝0.0948（2013年度の実際の値）
- この価格を代入すると，前章の（2－2）´式，（2－2）″式より次
  式を得る。

$$q_2＝0.7635\,q_1$$

これらをq_1，q_2について解いた。その結果，次のようになった。

$$q_1＝29,813億円$$
$$q_2＝22,762人$$

　これを達成することが，u＝150000の効用を最も効率的に達成させられる人件費以外の防衛費，自衛隊人員となる。

図 3 - 3　財政政策の図

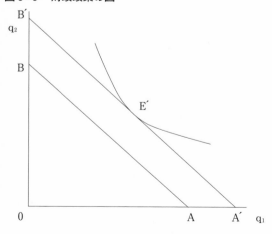

新しい予算線A´　B´は

$$q_2 = 339572 - 10.6265\,q_1$$

である。新しい均衡点E´は

E´（29813，22762）

である。

2－4　軍縮のケースの無差別曲線と最適点

　軍縮派が政権を取った場合，10年間で20年前の効用水準120000を実現させようとしたとしよう。軍縮希望側が，20年前の水準の効用120000を設定したとする。図3-4を見ると，u＝120000を実現させる無差別曲線に，現時点では十分すぎる予算があることになる。

図3-4　効用水準120000の無差別曲線と予算線

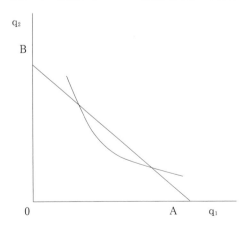

そこで，最適な選択をするために，政府は，方策を講じなければならない。や

はり，財政政策である。

　マイナスの財政政策で達成させるとする。予算線を無差別曲線の左下方への
シフトが必要となる。そのためには，新たな最適点の q_1 と q_2 はいくらになる
であろうか。財政政策なので価格 p_1，p_2 は変化しないものとして分析する。

　連立方程式
- $u = 120000$
- （3－2）式
- $p_1 = 1.0074$（2013年の実際の値）
- $p_2 = 0.0948$（2013年の実際の値）
- この価格を代入すると前章の（2－2）´式，（2－2）″式より次式を
  得る。

$$q_2 = 0.7635\,q_1$$

これらを q_1，q_2 について解いた。その結果，次のようになった。

$q_1 = 24{,}379$ 億円

$q_2 = 18{,}613$ 人

これを達成することが，$u = 120000$ の効用を最も効率的に達成させられる人件
費以外の防衛費，自衛隊人員となる。

48

図3-5　財政政策の図

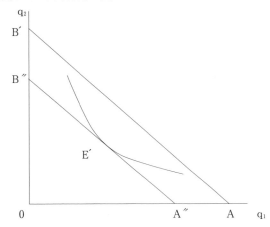

新しい予算線A″B″は

　　$q_2 = 277676 - 10.6265 q_1$

である。新しい均衡点E´は

　　E´（24379，18613）

である。

3．効用の一般化残差理論によるシミュレーション分析

3－1　効用の一般化残差理論

　効用関数のq_1とq_2の寄与以外は残差である。効用関数では，効用関数を構成する効用，各財の伸び率の間に次式が成り立つ。

　　残差（伸び率）＝目標効用伸び率－μ（第1投入財のシェア×q_1の伸び率＋第
2投入財のシェア×q_2の伸び率）　　　　　　　　　　　　　　　　（3－3）

　　μ：前章2－3で推計済み（＝1.1079）

　これは，水野（1998）で開発した式である[1]。効用の伸びのうち，財の購入量
の伸びでは説明できない部分があり，そこが残差にあたり，技術進歩率などが
そこに含まれるとした。ここでは，政府の効用の伸びのうち，q_1とq_2との投
入で足りない部分（残差）を技術進歩（その他要因）という解釈となる。この
式を利用すると，政府の目標効用伸び率を設定した時，q_1とq_2の伸びで足り
ない部分は，アメリカ軍誘致など経済外的要因の伸び率で埋め合わせることが
必要ということを示している。
　μは1.1079であるので（3－3）式は次式となる。

　　残差（伸び率）＝目標効用伸び率－1.1079×（第1投入財のシェア×q_1の伸
　　び率＋第2投入財のシェア×q_2の伸び率）　　　　　　　　　　（3－3）´

3－2　政府の効用を高く設定したケース

　自民公明の与党の政権が防衛に力を入れるため，防衛の政権の効用を150000
と設定したとする。（3－3）´式の左側に，それが5年で達成する効用伸び率
を入れると，毎年0.0200，つまり2％の伸びが必要になる。2013年のKとLの
伸び率を使って計算すると

　　第1投入財のシェア×q_1の伸び率＋第2投入財のシェア×q_2の伸び率
　　＝0.0096　　　　　　　　　　　　　　　　　　　　　　　　　　（3－4）

である。よって，（3－3）´式は次のように計算される。

$$0.0200-1.1079\times0.0096$$
$$=0.0093 \qquad\qquad (3-5)$$

この結果から，目標効用を達成するのに必要な技術進歩率が計算された。つまり，達成に必要な技術進歩率などの外的要因伸び率は0.0093つまり0.93％となる。

　もし政府の効用目標が高すぎると感じたら，投入する人員や装備の抑制だけでなく，技術進歩率を0.93％以下に抑えることを主張すべきであろう。

3−3　軍縮を求めるケース

　逆に，政権が変わり，軍縮を求める場合の指標も計算してみよう。与党が選挙で敗れ，軍縮を目標とする政党が政権についたとしよう。その政権が，20年前の水準の効用120000を目標に設定したとする。5年というスパンでは難しいので，10年という期間を目標としたとする。その場合，年率−0.0119つまり年率1.19％の効用の減少が必要となる。「第1投入財のシェア×q_1の伸び率＋第2投入財のシェア×q_2の伸び率」については，2013年は0.0096であるので，（3−3）´式の計算は次のようになる。

$$-0.0119-1.1079\times0.0096$$
$$=-0.0225 \qquad\qquad (3-6)$$

この値は，マイナスとして計算される。q_1とq_2とを現実に合わせて減少させただけでは，軍縮がなしえない。人員と装備などの要因以外で，技術進歩率を年率0.0225つまり2.25％減少させなければならないことを示している。軍縮を実現させるためには，防衛の技術開発を毎年2.25％ずつ抑制していくべきであるという主張が必要となってくる。

4．総括

　防衛に関する効用関数を推定するという，日本で初めての試みを，前章で行った。そこでは，防衛に関する政府の効用を正確に測れるという基数的効用理論を開発し，その効用の値を測るまでの第1ステップであった。

　本章は，その第2ステップとして，その時の結果に基づいたシミュレーション分析を試みた。第1に，軍拡と軍縮の両ケースについて，最適な人件費以外の防衛費と人員の配分のための無差別曲線分析を行った。第2に，政府の防衛に関する効用の政策目標を達するためには，防衛の技術進歩率をどのような大きさにすればよいのかの分析を行った。こうした結果として，防衛に関する政府の効用の目標設定に応じて，人件費以外の防衛費と人員をどの程度にすればよいか，また，そうした経済理論以外の技術進歩率の水準をどのくらいの大きさにすればよいかについても論じることができた。

　ここでの基数的効用の扱いについて，政策目標数値を代入してシミュレーション分析する手法を使った。各政権の防衛の目標効用水準を設定して，それに基づいて分析した。しかし，各政権が想定する目標効用の数値については，より正確な設定が必要になる。なぜその数値になるかについて国際的な要因，国内的要因を加味しながら正確に想定する必要がある。本章では，概算の数字を仮説的な目標効用水準としたが，経済モデルの精度をより高めて活用するためには，目標効用水準のより正確な数値化が求められる。今後の課題とする。

【注】
(1)　水野勝之（1986）で開発した生産理論の一般化残差法を消費理論に適用して，全要素生産性にあたる残差分析を行ったものである。

第4章　国内防衛産業育成に関する一考査
―防衛費の目視指標の開発―

1．本章の目的と先行研究

1－1　本章の目的

　前述のように，2014年4月，武器輸出三原則等が見直され，防衛装備移転三原則が閣議決定された。新原則では武器の輸出が可能になり，事実上の武器輸出解禁となった。

　米国務省「2015年世界軍事支出・兵器移転」（WMEAT）報告書によれば，日本は2002年から10年間で武器輸入世界1位（調査対象170か国）であった。この事実は，自国の防衛産業が未成熟であるという裏返しでもある。中でも，アメリカからの輸入に頼り，防衛装備の他の多くは自国で賄ってきた。日本の武器輸出に関しては，2014年以前は，日本の防衛産業の輸出は民間向け小型武器が中心となっていたに過ぎなかった。

　アメリカからの輸入を除けば，2014年以前日本の防衛の市場は孤立していたといってよい。そのため，防衛装備について自国内で調達してきた問題点が浮かび上がっていた。日本の防衛産業の販売先はほぼ自衛隊だけであるため，コストが高い生産が行われてきたことと，その販売価格について費用への一定割合の上乗せで決着するという形で割高になっていたことがあげられる[1]。つまり，前述のSandler and Hartley（1995）が示すように，売り手寡占市場，買い手独占市場であり，競争が働かないため，コスト競争も起こらなかった。

　その状況下で武器輸出の解禁になり，いよいよ日本の防衛産業に追い風が吹く。安藤（2011）のいう防衛産業の市場での効率的な経済活動が始まった。市場効率の中での防衛産業の成長が大いに期待される。本章の目的は，経済学か

らの観点を踏まえたうえで健全な防衛産業を日本に根付かせることである。

　本章の特徴は，本来軍縮分析のために生まれたレオンチェフの産業連関分析を使って，2014年の日本の武器輸出解禁について経済モデル分析した最初の研究である[2]。

1－2　先行研究

　Saal,D.S.（2001）は，アメリカ防衛の計量経済分析を行った。アメリカの防衛産業の全要素生産性を計測し，その技術進歩率の「他産業の生産性」への影響を測定し，防衛産業と他の産業の関連について研究を行った。

　日本でこの関連について言及したものにUeno,E（2015）がある。海事クラスターに関しての産業連関分析の重要性について述べ，積極的に防衛に産業連関分析を持ち込もうとする意欲的な見解であった。日本での防衛の産業連関分析の重要性を真っ先に訴えた。

　海外ではSaal,D.S.（2001）のような防衛の経済モデル分析が散見されるが，日本では時系列モデルの実証分析は存在するが，安藤潤（2018）以外本格的に経済理論モデルを構築しての防衛産業の実証的解析の研究は見当たらない。まして，武器輸出解禁の経済分析も行われていない。第2章では，防衛産業の分析ではなく，政府の防衛の効用に関する分析を行った。政府の防衛の基数的効用の計測方法を開発し，歴代の内閣についてその効用の大きさを計測した。その結果として，タカ派と呼ばれた総理大臣の時には政府の効用が高くなっていることが計測できた。しかし，そこでは民間の防衛の分析や武器輸出解禁の効果の分析まで行っていない。

　前掲の安藤（2011）では，防衛産業と民間産業の研究開発などの交流を通して，経済的な効率性が達成できることが述べられている。その論文を前半とするならば，本章は後半にあたる。「日本の防衛産業が開かれるべき」ことを安藤（2011）が述べたが，2014年に武器輸出解禁となり，実際に防衛産業が開かれた後で，いかなる節度が必要かを数値的に論じたのが本章である。

2．日本の現状

　防衛予算案は2015年度防衛費は 4 兆9,801億円で2015年度GDPは名目で500.5兆円の 1 ％枠内だった。2016年度防衛費は 5 兆541億円でGDPは名目で511.5兆円（政府見通し2016年 7 月内閣府発表）と，GDP 1 ％枠内であった。ただし，2015年度も補正予算で防衛費が2,110億円計上されており，2015年の防衛費は 5 兆1,911億円で改定前のSNSだと実質GDP 1 ％を突破した[3]。

　さて，その生産を担う国内の防衛産業といえば，三菱重工，川崎重工，三菱電機などの会社がある。防衛産業全体の防衛省との取引総額については，防衛年鑑に掲載されている。Arthur Alexander（1991）は，1990年の当時は日本の防衛産業には世界に通じる技術力がないと断言した。もしそのままだとすると，これらの企業が政府の防衛費の増加に国内産業がついていけないことになる。

　実は2014年以前も日本は武器の輸出を行っていた。日本は猟銃，弾薬など民間向けの小型武器をアメリカ，ベルギー，フランスに輸出しており，その規模は世界第 9 位となっている。（ジュネーブ高等国際問題研究所）[4] そのデータは図 4 - 1 のようになっている。

図 4 - 1 　日本の小型武器輸出実績　単位：百万ドル[5]

桜林（2010）p.162には，平時こそ技術開発力を磨けるとある。戦争に巻き込まれていない日本は，是非はともかく，まさに防衛産業をより一層発展させる機会にある状況だったともいえる。Alexander,A（1991）の指摘した1990年当時よりも，武器の輸出は増えており，そのニーズの高さから，日本の防衛産業の技術の向上が進んだことがうかがえる。

3．産業連関表

3－1　4×4の統合産業連関表の作成

さて，防衛産業と他の産業との関連を可視化するため，防衛部門の入った4×4の統合産業連関表を作成する[6]。防衛部門を創出するとともに，他部門は第1次産業，第2次産業，第3次産業に統合する。

もともと産業連関表に防衛という項目がない。そこで，「農林水産業」，「工業」および「（鉱業，建設業，分類不明を含めた）その他」の3部門に加えて，防衛という部門を作ることとした。

防衛部門の作成にあたり，工業部門から「防衛産業」を切り離し，「その他」部門から「公務防衛部門」を切り離し，まず，5×5の産業連関表を作った。「公務防衛」とは，工業から防衛庁が買い入れる防衛関係費である。それらは「公務」という項で処理されていたので，防衛関係費だけを「公務防衛」として，「その他」部門から切り離した。そして，防衛産業と公務防衛を統合して，表4-1のような4×4の産業連関表となった。

表 4 - 1　防衛部門を含む 4 × 4 産業連関表

	農林水産業	工業	防衛	その他（鉱業，3次，建設など，その他）	最終需要	国内総生産額
農林水産業	q_{11}	q_{12}	q_{13}	q_{14}	$q_{1,0}$	z_1
工業	q_{21}	q_{22}	q_{23}	q_{24}	$q_{2,0}$	z_2
防衛産業（工業）	q_{31}	q_{32}	q_{33}	q_{34}	$q_{3,0}$	z_3
その他	q_{41}	q_{42}	q_{43}	q_{44}	$q_{4,0}$	z_4
付加価値	A_1	A_2	A_3	A_4		
国内総生産額	z_1	z_2	z_3	z_4		

この表 4 - 1 が，防衛部門を作った産業連関表となる。表 4 - 1 の工業部門には，防衛産業は含まれていない。石炭，石油，天然ガスは工業に含んだ。「その他」部門には，第 3 次産業，鉱業，建設，分類不明が含まれているが，本来の「その他」部門に含まれるはずの「公務防衛」は含まれていない。防衛産業と公務防衛を統合したのが表 4 - 1 の防衛部門だからである。

3 － 2　2013年の産業連関表

　水野（2016）に従って2013年の日本の防衛データと産業連関表延長表を使って実際に表 4 - 2 を作った。防衛部門を含んだ 4 × 4 の産業連関表が出来上がった。

表 4 - 2　2013年の産業連関表　　　　　　　　　　　　名目，単位100万円

	農林水産業	工業	防衛	その他	内生部門計	最終需要部門計	国内生産額
農林水産業	1,483,025	7,962,695	0	1,501,408	10,947,128	1,204,900	12,152,028
工業	2,900,787	139,419,561	1,116,714	72,963,350	216,400,412	70,714,210	287,114,622
防衛	0	982,817	2,030,932	4,737,350	7,751,099	− 777,816	6,973,283
その他	1,951,561	56,886,815	1,122,877	173,297,636	233,258,889	400,949,634	634,208,523
内生部門計	6,335,373	205,251,888	4,270,523	252,499,744			
粗付加価値部門計	5,816,655	81,862,734	2,702,760	381,708,779			
国内生産額	12,152,028	287,114,622	6,973,283	634,208,523			

防衛部門の最終需要の−777,816百万円の内訳は，在庫増減−5,299百万円（実際値：2013年産業連関表延長表），小型武器輸出22,274百万円（実際値：国連），輸入−796,169百万円（推計：工業における輸入と同じ比率で計算）等である。

　この作成した産業連関表から投入係数を計算した結果が表 4 - 3 である。4 × 4 の部門についての投入係数行列である[7]。

表 4 - 3　投入係数

0.1220	0.0277	0	0.0023
0.2387	0.4855	0.1601	0.1150
0	0.0034	0.2912	0.0074
0.1605	0.1981	0.1610	0.2732

　次に，表 4 - 3 を使ってレオンチェフの逆行列を計算すると，表 4 - 4 のようになる。

表4-4　レオンチェフの逆行列

1.16	0.06838	0.01881	0.0148
0.6374	2.114	0.5554	0.3424
0.00763	0.01648	1.419	0.01721
0.4319	0.5951	0.4699	1.476

4．シミュレーション分析

4－1　武器輸出の効果

　前述で得たレオンチェフの逆行列を用いることにより，最終需要の（防衛部門を含む）各部門への影響についての計算を行ってみる。輸出が解禁となった2014年の「軍事」武器輸出実績は475,899ドルであり[8]，2014年で円換算すると，50百万円である。レオンチェフの逆行列で各部門への影響を計算してみる。

表4-5　武器輸出の生産への効果（百万円）2014年の実績値

農林水産業	0.9
工業	27.8
防衛	71.0
その他	23.5

防衛には71百万円の効果をもたらし，縦にたすと，合計123.2百万円の効果をもたらしている。最終需要の輸出額の50百万円と合わせると，日本の経済に対して，173.2百万円の経済効果があったといえよう。

4－2　シミュレーション

1）シミュレーション1

　2013年の韓国の武器輸出額は235百万ドル[9]，2013年の円に換算すると，22,936百万円である。この年にすでに日本は22,274百万ドルの小型武器輸出を行って

いるのでほぼ同額である。

　しかし，武器輸出が解禁になったいま，日本も韓国と同額の武器輸出を加算したらどういう経済効果があるだろうか。防衛部門の最終需要を22,936百万円として，レオンチェフの逆行列で各部門への影響を計算してみる。

表4-6　武器輸出の生産への効果（百万円）2013年の場合

農林水産業	431
工業	12,739
防衛	32,546
その他	10,778

　最終需要の輸出額の22,936百万円と合わせると，79,430百万円の経済効果がある。韓国と同様の防衛費支出の効果である。

２）シミュレーション２

　2015年のドイツ（3位），フランス（4位）の武器輸出額は，2,049百万ドル，2,013百万ドルであった。武器輸出解禁後に日本が防衛産業大国としてこうした国々と比肩するようになったらどのような効果があるであろうか。ドイツの2,049百万ドルは，2015年の円換算で247,929百万円である。それを日本の最終需要に加算してみよう。

表4-7　武器輸出の生産への効果（百万円）2013年の場合

農林水産業	4,664
工業	137,700
防衛	351,811
その他	116,502

　最終需要の輸出額の247,929百万円と合わせると，858,605百万円の経済効果がある。ドイツ並みの防衛支出だと，効果が大きい。

5．新歯止め指標の開発

5 − 1　2013年の影響力係数と感応度係数

表 4 - 3 の投入係数を使って，影響力係数と感応度係数を計算した[10]。

表 4 - 8　影響力係数

農林水産業	0.9575
工業	1.1959
防衛	10.536
その他	0.792

表 4 - 9　感応度係数

農林水産業	0.5402
工業	1.562
防衛	0.6251
その他	1.2725

　影響力係数は 1 より大きければ国民経済への影響があり，1 より小さければ
それがない。防衛からの国民経済や他産業への影響の度合いである。感応度係
数は 1 より大きければ国民経済の影響があり，1 より小さければそれがない。
防衛産業が国民経済から受ける影響の度合いである。

　この解釈から行くと，日本の防衛産業は，国民経済に影響を与えるが，国民
経済からの影響は受けていないということになる。

5 − 2　「大砲とバター」と目視指標

　「大砲とバター」の解釈について，従来の解釈では「大砲　or　バター」と
いうように，軍事支出優先か民生・福祉優先かという判断基準となる。しかし，
現代のように産業間に密接な関連がある状況では，「大砲　and　バター」と解
釈される可能性がある。つまり，大砲を作れば，その潤いが他産業にも波及し

62

国民皆がバターを買えるようになるということである。

　そこで，影響力係数と感応度係数を使ってこの状況を区分けしよう。

　影響力係数と感応度係数がともに１以下：大砲を作ってもバターには結びつ
　　かない
　影響係数のみ１以上：大砲を作れば国民がバターを買えるようになる
　感応度係数のみ１以上：国民がバターを買えば大砲も作れるようになる
　影響力係数と感応度係数がともに１以上：大砲とバターには相互作用があり，
　　どちらかが売れればともに繁栄する

　このように，影響力係数と感応度係数の数値によって防衛産業と国民経済の
関係を表すことができるこれらこそが，武器輸出解禁の重要な指標となろう。
　これまではガラパゴス化し，防衛省に買ってもらっていただけの日本の防衛
産業が今後武器輸出を促進し，国内での経済，いや世界の経済のメカニズムの
中に組み込まれれば，これらの指標の値は変化していく。「影響力係数は１以
上，感応度係数は１以下」のままにしておけば，防衛産業の日本経済の中での
重要性はほどほどである。しかし，「影響力係数と感応度係数がともに１以上」
にすると，防衛産業の重要性が増すことになる。

　図４-２（（1，1）を原点にした図にする。現在は第２象限の点。）

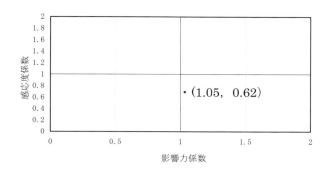

表4-10　武器輸出の目視指標

第4象限	影響力係数＜1，感応度係数＜1	防衛産業の孤立
第3象限	影響力係数＜1　　感応度係数＞1	国民経済から防衛産業への影響あり
第2象限	影響力係数＞1，感応度係数＜1	防衛産業から国民経済に影響あり
第1象限	影響力係数≧1，感応度係数≧1	防衛産業と国民経済がともに大きく影響しあう

　これらの数値をいずれの象限におくか，つまり新歯止め指標の水準をいずれに置くかは，上記表4-10において，政府だけでなく国民の責任にもなってこよう。一提案としては，防衛産業が活躍し，国民経済と一体化する第1象限は強すぎるものの，少なくても日本の経済を支える第2象限あるいは第4象限に位置させることを目標としたい。政府が国民のコンセンサスの下での防衛費のコントロールをしっかりさせていくのが理想である。

6．総括

　本章では，武器輸出の経済効果を測定する方法，防衛産業と国民経済の影響の度合いを見える化する指標の開発を行った。経済理論に立脚した新歯止め指標である。ただし，本章で開発した指標に関して，経済効果の点では，その適正水準には触れられなかった。なぜならば，防衛産業が世界の軍事の先端技術の武器に対抗するために技術開発を進めるとした場合，開発された技術は相当すぐれたものとなり，宇宙開発などの分野のみならず，家電，医療，都市開発など様々な分野に応用でき，国民経済と密接な関係になることが予想されるからである。これが，一概に「影響力係数と感応度係数がともに1以上」はだめということが言えない理由である。

　先人は，防衛費のGDP1％枠を何十年も守り続けてきた。その上で，経済政策や防衛政策を実行してきた。武器輸出が解禁され，今後GDPの大きさに

よっては防衛費が旧「新SNA」の計算でGDP比1％を超えようとしている。「影響力係数と感応度係数のどちらか一方を1以上にはしたい」という新たな判断基準に設定し，その上で経済政策や防衛政策を練って国内の防衛産業を育成していくのが一つの方法であろう。本章での提案である。

補論

軍事に関するデータはActualitixの統計を引用した。
・日本の小型武器輸出統計については，国連による。
　　http://ja.actualitix.com/country/jpn/ja-japan-weapon-export.php
・軍事武器
　　http://ja.actualitix.com/country/jpn/ja-japan-military-weapons-
　　export.php
円に換算するための円の為替データはIMF資料を使った。
　　http://www.principalglobalindicators.org/?sk=388DFA60-1D26-4ADE-
　　B505-A05A558D9A42

【注】

(1)　桜林.（2013）p.170に日本の防衛調達の問題点が記されている。市場価格がないため，原価に一定の利益率を計上する方式となっている。企業側は，原価を抑えると利益も減ることになるので，コスト削減努力が生まれない。よって，調達が割高になる。

(2)　ここでの産業連関表は2015年12月の新SNA改定前のものを使う。つまり改定後の最終需要に計上されたものではなく，防衛費が中間取引に計上されたものを使う。

(3)　東洋経済オンライン。清谷信一の記事「「補正予算は「平成の臨時軍事費特別会計」だ」。http://toyokeizai.net/articles/-/58914　ただし，新SNA改定前の数字。

(4)　"日本は小型武器上位輸出国　世界の総取引額は6年で倍".産経新聞.（2012年8月28日）

(5)　日本の武器輸出に関するデータは国連のものである。

(6)　統合については，中村.（2000）pp.103-109を参照した。

(7)　仁平.（2008）pp.34-43を参照した。

（8）　Actualitix掲載の国連データによる。

（9）　韓国，ドイツ，フランスの武器輸出データについては世界銀行のものである。

（10）藤川（2005）pp.119-121に従って計算を行った。

第5章　日本の防衛における「産業間の取引効率性測定指標」の開発とその測定

1．目的と先行研究

1－1　目的

　筆者たちは，筆者たちが開発した経済理論モデルを用いて，政府の防衛に関する効用を正確に計測し，防衛の経済モデル分析に挑み成功した（第2章）。

　第5章では，産業連関表を用いて分析を行う経済理論モデルを構築し，時系列データを活用して防衛の分析を行う。日本には，防衛産業と呼ばれる正式な分類がない。しかし，国内で多くの防衛関係備品が作られている。それらは製造業の中に隠れてしまっている。防衛関係備品は，日本の経済の中でどのような影響を発揮しているのか，第4章で見える化した。ただし，第4章の分析は2013年の一時点のものであった。

　本章では，第4章で作った防衛部門の入った産業連関表を利用する。防衛部門を含んだ産業連関表で時系列に分析することにより，日本経済の中での防衛産業の位置づけを見える化させる。この分析手法は本章のオリジナルな部分である。その経済理論モデルによって計算した最適な投入係数と実際の投入係数に差異が生じていることを明らかにする。その上で，差異の割合を防衛産業の中間取引の不効率を表す効率性測定指標と定義し，防衛部門に関する効率性測定指標を計算する。本章では，これらの分析結果に照らして，差異を埋める重要性を示唆することを目的とする。

　本章の分析は，経済モデルを使っての本格的な防衛分析の始まりである。日本を取り巻く国際情勢が厳しくなる中，政治的な面だけでなく，経済的な面から防衛産業について分析を行うことは重要である。経済理論モデルを使った今

68

後の発展性についても言及する。

1－2　先行研究

　Ueno,E（2015）は，海事クラスターに関して産業連関分析を活用して研究すべきだと主張している。だが，Ueno,E（2015）は，本章のように，経済理論モデル分析ではなかった。

　Morales-Ramos（2002）は供給モデル，需要モデル，需要─供給モデルによって，防衛研究開発費のクラウディングアウト効果に関する研究を行った。イギリス，OECDに関して，防衛開発研究費が民間企業に対してクラウディング効果を持っているかどうかの内容であった。しかし，Morales-Ramos（2002）は防衛開発研究費についての研究であり，本章のような，経済全体の中での防衛の位置づけの研究ではなかった。

2．統合産業連関表の作成と分析

2－1　4×4の統合産業連関表の作成

　Ueno,E（2015）は一時点での産業連関表の分析であったのに対して，本章では1990年から2012年までの4×4の統合産業連関表を作成した。第4章と同じく防衛部門を創出するとともに，他の分野を第1次産業，第2次産業，第3次産業に統合する。

　実際の産業連関表に防衛産業という部門はない。防衛年鑑より，工業のうち防衛にあたる生産量が毎年計算されているので，それを用いて，行の防衛産業という項目を作った。防衛産業で作られた生産物は，列の「公務」という項目に含まれている。つまり公務の一部が，自衛隊の調達にあたる。第4章に従って，公務のうち，防衛関係の調達にあたる分を「公務防衛」とする。他の産業は，「第1次産業」，「第2次産業」および「（鉱業，建設業，分類不明を含めた）第3次産業」とする[1]。表4-1を1990年から2012年の期間で作成する。

2－2　システム－ワイド・アプローチとその推定

　産業連関表が出来上がったので，4×4 の統合産業連関表を用いて分析するためのモデルを準備する。H.Theil（1980）のシステム－ワイド・アプローチを用いる。H.Theil（1980）の理論は，Morales-Ramos（2002）の需給モデルとは異なり，生産要素の投入需要方程式からなっている。

　利潤最大化によって，各生産要素需要を，生産量，各要素価格で説明する投入需要方程式を示そう。各変数は，表の変数に対応するとしよう。第 1 部門が農林水産業，第 2 部門が第 2 次産業，第 3 部門が防衛，第 4 部門が第 3 次産業である。ここでは，防衛を分析対象とするので，第 3 部門のシステム－ワイド・アプローチの産業連関の投入需要方程式を示す。

第 3 部門（防衛部門）

$$p_1 dq_{13} = \theta_{13} m_3 p_3 dz_3 + \pi^3_{11} C_3 dlnp_1 + \pi^3_{12} C_3 dlnp_2 + \pi^3_{13} C_3 dlnp_3 +$$
$$\pi^3_{14} C_3 dlnp_4 + \pi^3_{1K} C_3 dlnp_K + C_3 \pi^3_{1L} dlnp_L$$

$$p_2 dq_{23} = \theta_{23} m_3 p_3 dz_3 + \pi^3_{21} dC_3 lnp_1 + \pi^3_{22} C_3 dlnp_2 + \pi^3_{23} C_3 dlnp_3 +$$
$$\pi^3_{24} C_3 dlnp_4 + \pi^3_{2K} C_3 dlnp_K + \pi^3_{2L} C_3 dlnp_L$$

$$p_3 dq_{33} = \theta_{33} m_3 p_3 dz_3 + \pi^3_{31} C_3 dlnp_1 + \pi^3_{32} C_3 dlnp_2 + \pi^3_{33} C_3 dlnp_3 +$$
$$\pi^3_{34} C_3 dlnp_4 + \pi^3_{3K} C_3 dlnp_K + \pi^3_{3L} C_3 dlnp_L$$

$$p_4 dq_{43} = \theta_{43} m_3 p_2 dz_3 + \pi^3_{41} C_3 dlnp_1 + \pi^3_{42} C_3 dlnp_2 + \pi^3_{43} C_3 dlnp_3 +$$
$$\pi^3_{44} dC_3 lnp_4 + \pi^3_{4K} C_3 dlnp_K + \pi^3_{4L} C_3 dlnp_L \qquad (5-1)$$

q_{13}，q_{23}，q_{33}，q_{43} は各部門から防衛に投じられる中間投入量である。p_1，p_2，p_3，p_4 は第 1 部門，第 2 部門，第 3 部門，第 4 部門の中間生産物価格である。p_K は資本の価格，p_L は労働の価格である。π_{11}，π_{12}，π_{13}，π_{14}，π_{21}，π_{22}，π_{23}，π_{24}，π_{31}，π_{32}，π_{33}，π_{34}，π_{41}，π_{42}，π_{43}，π_{44} は代替パラメータ（スルツキー係数）である。肩についている数字はべき乗ではなく，第 3 部門のパラメータを示している。z_3 は防衛の総生産量を示す。C_3 は防衛の総費用 $p_1 q_{13} + p_2 q_{23} + p_3 q_{33} + p_4 q_{43}$ である。θ_{11}，θ_{12}，θ_{13}，θ_{14}，θ_{21}，θ_{22}，θ_{23}，θ_{24}，θ_{31}，θ_{32}，

θ_{33}, θ_{34}, θ_{41}, θ_{42}, θ_{43}, θ_{44}は限界シェアである[2]。

$$\theta_{ij} = \frac{\partial p_i q_i}{\partial C_j}$$

C_jは各部門の総費用（各自の生産額）である。また，γについてその逆数が規模の弾力性とすると，防衛のm_3について後述の（5－2）式となる。

　独立変数が「防衛生産量の増加分（に価格を乗じたもの）」と「各部門の価格上昇率と総費用を乗じたもの」，従属変数が防衛への各部門からの中間投入量（に価格を乗じたもの）である。防衛への各部門からの投入量は，防衛の生産量と，各部門の生産物の価格で決定されるという需要方程式となっている。システム－ワイド・アプローチなので，各変数が，差分形や微分小変化形になっている。

　ここで，m_3について見てみる。それは次式で表される。

$$m_3 = \gamma_3 C_3 / p_2 z_3 \qquad\qquad (5-2)$$

γ_3に，費用と名目の生産量の比が乗じられている。γ_3については，その逆数が規模の弾力性である。ただし，産業連関表の縦の合計と横の合計は等しいので，名目値を取った場合，

$$C_3 = p_2 z_3$$

が成り立つ。その結果，

$$m_3 = \gamma_3 \qquad\qquad (5-3)$$

が成り立つ。m_3が規模の弾力性の逆数である。

（5 − 1）式について，制約付 3 段階最小 2 乗法を適用する。スルツキー係数の代替パラメータに対称性の制約を課してある（資本価格と労働価格以外）。つまり，推定結果である。（5 − 1）式の第 1 式は，q_{13} の値がすべての期間でゼロのため成立しない。推定期間は1991 − 2013年である。

表 5 - 1　システム − ワイド・アプローチの推定結果　 − パラメータ推定値 −

	生産量	農林水産業価格	第 2 次産業価格	防衛部門価格	その他部門価格	資本価格	労働価格
q_{23} の式	0.2674	−0.0887	0.0732	0.0826	−0.1558	0.0024	−0.0568
q_{33} の式	0.3201	−0.0506	0.0826	0.0119	0.0877	0.0009	−0.1952
q_{43} の式	−0.0708	0.0846	−0.1558	0.0877	−0.1534	−0.0037	0.3643

z 値については補論を参照されたい。第 2 列は，$a_{23}m_3$，$a_{33}m_3$，$a_{43}m_3$ の推定値であり，第 3 列以降が，代替パラメータ推定値 π_{11}^3，π_{12}^3，π_{13}^3，π_{14}^3，π_{21}^3，π_{22}^3，π_{23}^3，π_{24}^3，π_{31}^3，π_{32}^3，π_{33}^3，π_{34}^3，π_{41}^3，π_{42}^3，π_{43}^3，π_{44}^3 である。

2 − 3　規模の弾力性の推計

　実際の産業連関表の付加価値部分で，K と L との明確な区別をせず，K や L 等をすべて足して粗付加価値とする。そこで，産業連関表の粗付加価値の値を G としよう。K と L の合計である。G の限界シェアは a_{G3}（＝ $a_{K3} + a_{L3}$）である。

　　（$K_3 + L_3$）の実質値＝ $\theta_{G3}z_3$

　　名目 Δ（$K_3 + L_3$）＝ θ_{G3} 名目 Δz_3

を推定した。この式によって，a_{G3} の推定値が求まる。定数項のない通常最小 2 乗法で次式を得た。推定期間は1990年 − 2013年である。

(K_3+L_3) の実質値＝0.0398z_3

$$(1.7176) \qquad\qquad (5-4)$$

$$R^2=0.1136$$

よって,

$$\Delta\,(K_3+L_3)\ の実質値＝0.0398\Delta z_3$$

も成り立つ。利潤最大化においては $\Delta\,(K_3+L_3)\,/\Delta z_3$ は限界シェアになる[3]。つまり,

$$\theta_{G3}=0.0398$$

を得た。付加価値の限界シェアである。投入係数ではなく限界シェアと呼ぶのは, マイナスの値をとるときは投入係数ではなく限界シェアと解釈するからである。限界シェアの合計は

$$\theta_{23}+\theta_{33}+\theta_{43}+\theta_{K3}+\theta_{L3}=1 \qquad\qquad (5-5)$$

なので,

$$\theta_{23}+\theta_{33}+\theta_{43}+0.0398=1$$

を得る。

また, 第1項のパラメータ推定値が

$$\theta_{23}m_3=0.2674$$
$$\theta_{33}m_3=0.3201$$

$$\theta_{43}m_3 = -0.0708 \tag{5-6}$$

である。よって，γ_3 について次の値を得る。

$$m_3 = \gamma_3 = 0.5381$$
$$1/\gamma_3 = 1.8583 \tag{5-7}$$

γ_3 については，収入と費用の比率（収入/費用）であり，費用の半分しか収入がない状態になる。下式が規模の弾力性である。1 よりも大きい。つまり防衛産業は規模に関して収穫逓増である。生産量を増やせば増やすほど利潤が増える構造となっている。現時点で，生産しても販売できないという事実から，日本の防衛産業は生産すれば利潤を増やせる構造にはなっていない。

2 - 4　限界シェアと産業間の取引効率性測定指標の分析

Saal, D. S. (2001) の全要素生産性を使った分析ではなく，本節では新たな指標による分析とする。まず（5 - 6）式および（5 - 7）式を用いて，システム－ワイド・アプローチにおける限界シェアを計算する。その結果は次表となる[4]。

表 5 - 2　最適限界シェア

θ_{23}	0.4969
θ_{33}	0.5948
θ_{43}	−0.1315

システム－ワイド・アプローチは利潤最大化を前提としているので，表 5 - 3 に掲げた限界シェアは，最適限界シェアということになる。「工業→防衛」の最適限界シェアは0.4969，「防衛→防衛」のそれが0.5948，そして「その他→防衛」のそれが−0.1315となっている。

　これらに対して，実際の限界シェアの値が存在する。生産関数に相似拡大的

74

な仮定を置き，1次同次とすれば，投入係数が限界シェアにあたる。したがって，現実の産業連関表で，生産関数を相似拡大的と仮定すれば，投入係数を実際の限界シェアと解釈できる。

限界シェアの値自体からは産業間の取引の効率性は読み取りにくい。筆者たちは，新たな指標として産業の効率測定性指標を定義する。産業間の効率測定性指標は，産業間の中間取引が，利潤最大化をもたらす中間取引の状態からどれだけ離れているかを割合で測った指標である。

産業間の取引効率性測定指標＝（実際のa_{ij}－最適a_{ij}）

中間取引の限界シェアが最適値であれば，0となる。産業間の効率測定性指標が，0より大きければ，利潤最大化をもたらすには当該産業間の中間取引が多すぎる（＝シェアの拡大が大きすぎ）。0より小さければ当該産業間の中間取引が少なすぎる（＝シェアの拡大が小さすぎ）。0から離れれば離れるほど，中間取引の効率性が良くないという判断になる。これら産業間の取引効率性測定指標を計算する。

図5-1　産業間の取引効率性測定指標

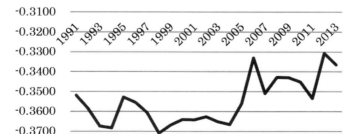

a_{23}-最適a_{23}

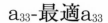

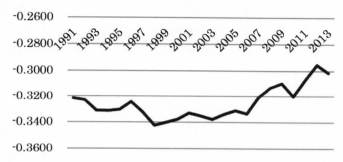

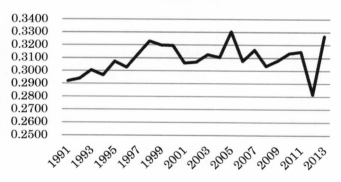

それぞれの産業間の取引効率性測定指標平均を計算する。a_{23}の産業間の取引効率性測定指標平均は-0.3528，a_{33}の平均は-0.3277，a_{43}の平均は0.3090である。まず，第 2 次産業から防衛への限界シェアθ_{23}は，現実の限界シェアが利潤最大の限界シェアを下回っている。武器輸出が事実上解禁になった今，Ando, S.（2015）が指摘したように，研究面での連携など防衛部門にとって第 2 次産業との取引を増やすことが望ましい。防衛部門同士の取引の限界シェアθ_{33}もマイナスとなり，利益最大の限界シェアを下回っている。国内での防衛

76

部門同士の取引が足りないことを意味する。中間生産物に関して外国に依存している点がその原因の一つと考えられる。第3次産業部門から防衛部門への限界シェアは，プラスなので大きすぎる。利潤最大化の限界シェアよりも実際値のほうが大きくなっている。ただ，この点に関しては，大きすぎるから小さくするというのではなく，大きい値でも利潤が十分確保できるよう，防衛産業の体質改革が必要と言えよう。

3．総括

　第5章は，防衛産業に関する実際値と最適値の乖離を表す指標を開発し，その測定結果から，日本の防衛部門と他産業のあるべき姿について示唆した。本章の測定結果から，第2次産業との中間取引の関係を深めよ，国内の防衛産業同士の中間取引を増やせ，そして第3次産業部門との中間取引の関係を薄めよ，または防衛産業が第3次産業との取引を減らさずに利益を増やせる体質に改善せよ，と言える。総じていえば，防衛部門が利潤を最大化させ，成長していくためには，第2次産業からの中間生産物を増やす必要がある。高度な研究開発製品が多ければ多いほど，防衛部門にとってプラスとなろう。ひいては，それが第3次産業との取引を減らさずに，防衛産業が利益を拡大できる体質改善につながる。

　これまで防衛部門は孤立してきた。防衛部門の取引は国の防衛に関するものがほとんどであった。2014年に武器の輸出が解禁になり，いよいよ日本の防衛産業も市場経済に参加することとなった[5]。これまでは，政府からの受注に頼り，市場経済でもまれたことのなかった防衛部門である。日本政府は，本章の分析結果を受け，どことの取引を増減させるべきか考えてほしい。日本政府は，市場経済で利潤を最大化するための行動をとってほしい。

　ただし，防衛関連産業や防衛に関する受注が，無尽蔵に拡大を続けることに関しては，国民でも議論が分かれるところとなる。市場経済で効率的な経営を続けながらも，歯止めを考慮に入れなければならない，難しいかじ取りが要求

される。

　日本の防衛を担うだけでなく，市場経済を通して日本の経済も担うよう，日本の防衛産業と防衛部門は第一歩を踏みだしたところである。

補論1　（5－4）式の推定結果

　（5－4）式の推定結果の z 値である。

z 値

	生産量	農林水産業価格	第2次産業価格	防衛部門価格	その他部門価格	資本価格	労働価格
q_{23}の式	5.10	−1.22	1.44	1.97	−3.23	0.29	−0.37
q_{33}の式	4.83	−0.83	1.97	0.13	1.12	0.13	−1.47
q_{43}の式	−1.08	1.17	−3.23	1.12	−1.30	−0.44	2.29

補論2　データ[6]

産業連関表

総務省HP

　　http://www.soumu.go.jp/toukei_toukatsu/data/io/

統合前の産業連関表で，政府の防衛費は公務の項目に含まれている。産業連関表から，防衛費を独立させるために使ったデータについては下記である。

　防衛費

　　出所：防衛年鑑刊行会編「防衛年鑑」防衛メディアセンター，毎年発行

　　防衛産業全体の防衛省との取引総額については，防衛年鑑に掲載されている。

農林水産業価格2005＝100

　　日本銀行HP

工業価格2005＝100

　　日本銀行HP

防衛産業価格2005＝100

　　国内卸売物価指数，企業物価指数で防衛調達項目（工業品）をピックアッ
　　プし2005年＝100に直し，2005年の（工業からの全調達額に占める）各ウェ
　　イトを計算し，ラスパイレス指数で計算した。

長期金利

　　財務省HP金利情報

　　10年物国債金利。85年以前は9年国債

賃金

　　実質賃金率

　　毎月勤労統計調査（MONTHLY LABOUR SURVEY）2005＝100

【注】

(1)　防衛部門を独立させた4×4の産業連関表の作成方法については，Mizuno, K.
　　（2016）に詳しく述べている。

(2)　Theil, H.（1980b）pp.70-71およびpp.77-81を参照のこと。完全競争が前提となる。

(3)　Theil, H.（1980b）p.71

(4)　第1次産業と防衛部門の取引はなく，θ_{13}はゼロであるため記載しない。

(5)　2014年4月，武器輸出3原則が見直され，日本における事実上の武器輸出解禁と
　　なった。

(6)　実質化は2005年価格を基準としている。

第6章　大戦間における日本の軍事に関する
　　　　計量的歴史分析

1．目的と先行研究

1－1　目的

　数量経済史や計量経済史と呼ばれる分野では，歴史上の過去のデータ，および研究者が推計した歴史データを用いて，計量経済分析を行う。数量経済史や計量経済史は，Douglass Cecil Northらによって生み出された過去の計量経済分析である[1]。

　だが，新たにモデルを構築して分析する「過去の軍備や防衛に関する計量経済的分析」はほとんどない。明治以降，経済の基本的なデータや，軍備にかかわるデータが散見されるので，経済モデルをしっかり構築すれば，過去における軍備や防衛の分析は不可能ではない。

　第2章において，筆者たちは，経済モデルを開発し，防衛に関する政府の効用を計測した。経済分析で頻繁に利用される効用関数の1次同次の仮定を排し，政府における効用の基数的数値（効用を正確に測った数値）を計測可能にした。政府における防衛の効用理論を過去にさかのぼって分析することにより，過去の日本政府における軍備が数量化され，日本政府の軍事にかかわる過去の出来事と軍備が相関しているかどうかを調べることができる。

　研究対象とするのは，1911年の第1次世界大戦前から1945年の第2次世界大戦までである[2]。第1次世界大戦時，日本は戦場にならず軍需品の供給を行って経済的に潤った。日本はドイツに代わってドイツの旧権益を獲得し，日本経済は上向いた。しかし，1929年には世界大恐慌が発生し，日本経済も大きな打撃をこうむった。日本政府は不況からの脱出に手間取ったので，軍の若手将校

が，既存の政治の無策さが原因だとして，クーデター未遂事件も起こした。いわゆる515事件や226事件である。二つのクーデター事件を通して，日本は次第に政党政治から軍部の政治に代わっていった。そして，日本は日中戦争や第2次世界大戦という国際的な戦争に突入した。結局，日本は第2次世界大戦で敗戦し，軍部による政治にピリオドが打たれた。

　本章の目的は次の3点である。

(1) 1911年から1945年までの間の，軍事に対する日本政府の効用（意思の強さ）を数値で明確化させる。

(2) 数値の動きからどの段階で戦争に向ったのか，国民が政府をいつ止めるべきだったかについて検証を行う。

(3) なぜ壊滅的な敗退まで日本政府は敗戦を認めようとしなかったかについて，計量経済的歴史分析を行う。

1－2　先行研究

　日本の戦争に関する計量的分析の試みは，秦郁彦（1983）や南誠（2014）で行われている。秦郁彦（1983）では，太平洋戦争の敗因を航空機の観点から計量的に分析している。また，南誠（2014）では，日本と中国に関して，長野県の碑に関する出来事について計量的分析を行っている。双方とも，歴史的データを活用して，過去の戦争に関する事実を掘り起こしていくという意味で非常に有用な研究であった。ただ，そこでは航空機の点や，長野県の碑に関する出来事に関しての分析に限定されていた。本章では，日本の長期時系列データを用いて，日本全体の戦争に関する分析を行う。

　沢田収二郎（1963）は，明治以降の農業について，土地と労働を説明変数としてCES型生産関数で分析した。明治時代から第1次世界大戦，第1次世界大戦から第2次世界大戦，第2次世界大戦以降の3期間に分けて分析している。ただし，本章もCES型関数を扱うが，防衛ではなく，農業が対象となっている。

　Ando（2015）は防衛経済学の手法を活用して日本の防衛を考察している。具体的には，自己回帰分布ラグモデル（ADLモデル）を活用し，アメリカの防

衛がどれほど日本の防衛に貢献しているのかを検証した。その結果として，ア
メリカの防衛は，日本にある程度の役割を果たしていることが示された。しか
しながら，そこでは現在の防衛の分析であり，過去の分析ではない。

　本章では第2章で扱った基本モデルを分析に用いる。第2章で扱った基本モ
デルは，防衛に関する経済モデルを独自の視点で作り上げたものである。経済
分析と防衛分析を結び付けた画期的なモデルである。

2．分析

2－1　政府の効用関数

　ここでは，政府の効用水準を，装備などを含めた人件費以外の支出と，兵隊
への支出で計測する考え方に立つ。戦争が近づけば，これらへの支出が増え，
政府の効用は高まるはずである。こうした支出を説明変数として，政府の効用
を（2－1）式のCES型効用関数を用いて計算する[3]。各変数は次のようになっ
ている。

　　　u：軍事に対する政府の効用

　　　q_1：人件費以外の軍事費

　　　q_2：人件費

　　　p_1：金利＋1

　　　理由：政府は公債で資金調達を行っている。金利が公債の費用になる。
　　　ここでの軍事費はストックではなくフローのため，（1を基準とした）金利
　　　に1を加える。

　　　p_2：兵員の一人当たりの給与

　効用uの解釈は，軍事に関するその時の政府の効用となる。べき乗数にμが
含まれている。効用関数について，1次同次ではなく，μ次同次の仮定をする
ことにより，正確に心理の度合いを計算できるとする基数的効用を測定する。
このときのこの式の計算結果の効用水準は，当時の政府の軍備に対する意欲・

意気込みを表している。

2－2　CES型効用関数の推計手順

　次に（2－2）´式を推定する。軍備の価格データには，金利を用いる。前述のように，戦争の際，日本政府は国債の発行によって資金をまかなっているからである。日露戦争の際，日本政府は外債を発行している。日中戦争などでは，日本政府は現地で国債を発行し資金をまかなっている。

　（2－2）´式のOLSでの推定結果は，次のようになる。推定期間は1911-1945である。本章のデータには，名目値を使った。当時の政府は，現在のように政府が実質データに基づいて動くのではなく，名目値で動いたと考えられるからである。実質の統計データの整備もなかったであろう。つまり，貨幣錯覚状態で政府は動かざるを得なかった。OLSの推定結果である。

$$\ln\frac{p_2}{p_1} = -0.6921 - 0.7778\ln\frac{q_2}{q_1} \qquad\qquad (6-1)$$

$$\qquad\quad (-22.1732)\ (-26.9342) \qquad カッコ内はt値$$

$$R^2 = 0.9564 \qquad s = 0.1448$$

lnaをaについて説くと次の結果を得る。

$$a = 0.5005$$

これらの値を使うと，パラメータの関係から（2－1）式のパラメータについて（2－3）式に従って次の値が求まる。

$$\alpha_1 = 4.5021$$
$$\alpha_2 = 2.2534$$
$$\beta = -0.2221 \qquad\qquad (6-2)$$

以上で，CES型効用関数の大半のパラメータの推定値が求まった。

2－3　規模の弾力性の計測

　変数が変化形なので，誤差項に正規分布を仮定し，（2－4）式を最尤法で推定する。（2－4）式の推定結果は次の通りである。推定期間は，1912年－1945年である。

$$w_1 dlnq_1 = 0.8903 dlnQ - 0.1059 \, (dlnp_1 - dlnp_2) \qquad (6-3)$$

　表6-1　（6－3）式の推定結果（STATAを利用）

　最尤法推定結果

Log likelihood ＝ 130.8082　　**観測値数** ＝ 34

	係数	標準誤差	z スコア	p 値
dlnQ	.8903	.0026	339.66	0.000
$(dlnp_1 - dlnp_2)$	－.1059	.0015	－70.28	0.000

よって，

　　$\theta_1 = 0.8903$

　　$\pi_{11} = -0.1059$

となった。

第2章に示してあるような計算で次を得る。それぞれのパラメータを計算すると，上記の制約条件より，および所得の伸縮性であるϕを－0.5とおくことにより，以下のようになる[4]。

　　$\theta_2 = 0.1097$　　　$\theta_{11} = 1.0044$　　　$\theta_{12} = -0.1141$　　　$\theta_{21} = -0.1141$

　　$\theta_{22} = 0.2238$

　　$\pi_{12} = 0.1059$　　　$\pi_{21} = 0.1059$　　　$\pi_{22} = -0.1059$

以上から，規模の弾力性 μ が求まる。

$$\mu = 1.1635 \qquad\qquad (6-4)$$

結果として，効用関数の規模の弾力性 μ の値は1.1635であった。1911-1945年の日本の軍事の効用については，1.1635次同次効用関数が成り立っている。

3．基数的効用の計測

3-1　基数的効用関数

　以上から，効用関数が次式であるということがわかった。（2-1）式は次のようになる。

$$u = (4.5021q_1^{0.2221} + 2.2534q_2^{0.2221})^{5.2356} \qquad\qquad (6-5)$$

これが1911-1945年の軍事に関する政府の効用を測定する関数である。規模に関して収穫逓増であり，その規模の弾力性も，1.1635と1次同次よりも大きい関数となっている。規模に関して収穫逓増であり，当時の政府は，軍備の増強で大きく効用を高めるという結果になった。好戦的な状況に基づいた効用関数である。

3 - 2　基数的効用の計測結果

　この効用関数を使って，基数的効用を計算する。

図6 - 1　政府の基数的効用

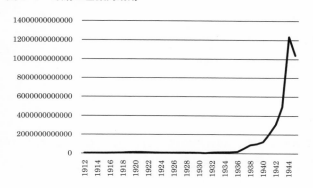

図6 - 2　基数的効用指数化

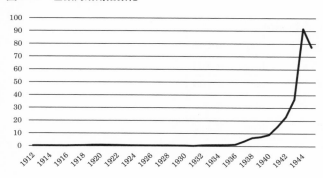

　基数的効用を測定した。図 6 - 1 は基数的効用水準の計算値，そして図 6 - 2
は，それについて1935年を 1 として指数化し，わかりやすくしたものである。
図 6 - 2 では，測定し始めた1912年は0.2449であり，20年以上かけて約 4 倍に
なった。それに対して，1935年以降は，図にみられるように急激に伸びている。
　特徴的なのは次の 2 点である。
　第 1 に，表 6 - 2 にあるように，第 1 次世界大戦後，1918年から1919年にか

けて0.4982から0.8030へ大幅に伸びている。第1次世界大戦後，日本はシベリア出兵を長期化させており，英米とも亀裂が生じ始めたころである。その時の政府の効用が表れている。

表6-2　指数化した基数的効用（1）

1916	0.2894	1920	0.8578
1917	0.3819	1921	0.8232
1918	0.4982	1922	0.7047
1919	0.8030		

　第2に，表6-3にあるように，1937年には3.8217となっており，前年の約3倍弱，1938年には同じく6.6156というように，約1.5倍強になっている。その後，幾何級数的に増加し，1941年には15.3753，1944年には91.7484と急激に伸びた。

表6-3　指数化した基数的効用（2）

1935	1.0000	1941	15.3753
1936	1.3379	1942	22.9871
1937	3.8217	1943	36.7184
1938	6.6156	1944	91.7484
1939	7.3872	1945	77.3433
1940	9.0920		

　特に，上述の第2点についてその背景を詳しく見てみよう。世界の流れもあり，第1次大戦後1920年を最高にしてその後は軍事費が削られ続けた。だが，1932年に，大恐慌後の政府の運営に不満を持つ軍部の青年将校が犬養毅首相を暗殺する515事件が発生した。この515事件後，政党から出ていた首相が軍関係の首相に代わり，軍関代の首相が第2次世界大戦終結近くまで続いた。515事件以降，軍出身者首相の内閣では，軍事費が増加し始めた。
　1936年に陸軍の青年将校が首相官邸を襲ったクーデター未遂事件が226事件

である。総理官邸，警視庁などを占拠した。岡田啓介首相の暗殺に失敗した。未遂に終わったとはいえ，再クーデターの恐れをなくすために軍が内閣への介入を強めた。まさに，そのときが大きな転機となり，その後政府が急速に軍事の効用を高めていく。こうした背景があり，図6-3にみられるように，軍が支配する日本政府は，1937年以降軍事費を急速に増大させている。

　軍事クーデター未遂事件が起きた時に，一気に軍事拡大が図られ，軍事拡大の歯止めが利かなくなった事実からも，歯止めをかけるべき時期は，両クーデター未遂事件の合間の1937年までであったと言える。

図6-3　軍事費総額（1000円）

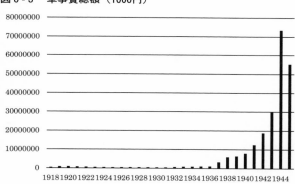

　図6-3で，1937年より軍事費が大幅に伸びている。政府の軍事に関する効用の伸びは，226事件の影響であろう。ここまで軍事費をかけてしまった政府にとって，明らかな敗戦の状況でも後には引けず敗戦を認められない心理状況となったのであろう。図6-2でも，1944年，1945年には効用は膨大な大きさになり，それを縮めることが難しくなってしまっている。1945年3月の東京大空襲や3月から始まった沖縄戦で大きな被害を受けても，後に引けなくなっている理由は，軍事費の膨張であろう。

4．総括

　本章の目的は 3 つあった。

　第 1 は，1900年代前半の軍事に対する政府の効用を数値化して見える化することであった。政府の軍事に対する効用の見える化に関しては，第 2 次世界大戦への日本政府の異様な戦闘心と効用を読み取れる数値を得た。世界恐慌が引き金となり，国民の生活のために既存の政治体制を壊すという大義名分ができ，軍がクーデター未遂事件を起こすきっかけとなった。515事件，226事件を通して，政治への軍の介入がより一層強まった。これらの歴史的出来事と対応した数値を得ることができた。

　第 2 は，その数字の動きから，第 2 次世界大戦を防ぐために，いつ歯止めをかけるか読み取ることであった。1936年の226事件が起こる前まで歯止めをかけるべきであるという分析結果が得られた。226事件の後は，政府の効用というよりも，軍の効用が日本の軍事に関する効用そのものになってしまった。515事件後に軍からの首相就任を阻止すべきだったのか。226事件時に軍の介入強化を阻止すべきだったのか。具体的手法についての研究が必要だが，本章で計算した軍事効用の数値からは，226事件（1936年）後に軍事総額費が増えた意味が読み取れた。

　第 3 は，第 2 次世界大戦の敗戦時，政府が後に引けなくなった状況を数値で表すことであった。1944年―1945年の効用を見ると，政府が引くに引けない状況になってしまったことが見て取れ，これが終戦の判断を誤らせ，原爆投下やソ連の侵攻などを招くこととなってしまった。これらの事情も，我々が得た数値から判断できる。

　以上の本章が掲げた 3 つの目的を達することができた。本章では，日本軍部が政権を担い始めた1932年の515事件から1936年の226事件にかけて効用の値が大きく変化し始めていて，226事件後の軍事に関する政府の効用が急激な変化を表われている分析結果が得られた。1932年から1936年の効用の変化が日中戦

争や第 2 次世界大戦につながったことを示している。1932年から1936年，その時こそが，戦争に走らないための歯止めの時期であったことが分かった。教訓としては，本理論を政府の防衛に関する効用測定に利用して，その効用の値が急激に大きくなる傾向があった場合，その時点で将来の軍事拡大を防ぐ手立てを講じるべきだということである。

　基数的効用の計測で，第 2 次世界大戦に臨んだ日本政府の意欲が分かった。本章は，軍事予算と効用の関係からの分析であった。今後の課題として，それ以外にも軍事に関して政府の効用に影響を与えた要因があるかを検証する必要がある。たとえば軍事の技術進歩や外交関係などが考えられる。

5．あとがき

　筆者らが開発した理論に，効用に関する残差計測の理論がある。これを軍事に関する政府の効用理論に当てはめ，日本の過去の軍事の技術進歩を測りたい。本章同様，第1次大戦後，いつ技術の進歩があり，軍事の技術進歩にいつ歯止めをかけるべきだったか，そのことは戦争を止められたかなどを検証したい。

　データに関しては，今回使用した名目データではなく，実質データを使うべきだという意見もある。統計の概念が発達していなかった当時の政府の心理状態が，実質と言うよりもむしろ名目の値で成り立つ貨幣錯覚を前提としたが，第2章のように，現在のように実質で見極めることができたのかもしれないという疑念は残る。この点を再度検証したい。

補論　データについて

　データの詳細について述べる。また加工方法についても説明する。

　特に記述がない限り，出所は長期日本統計総覧（第 5 巻。日本統計協会）である。

1）人件費以外の軍備費

　「軍事費総額－人件費」で計算

2）人件費の計算

　大蔵省が編纂した『昭和財政史』（東洋経済新報社，1955年）に軍事費に対する人件費の割合が掲載されている。

　　　日露戦争1904－1905人件費（歳出の）11.0%

　　　第一次世界大戦1914－1918人件費16.7%

　　　第二次世界大戦1939－1945人件費9.3%

　上記期間中はこの割合で，そして合間の期間は，16.7－11，9.3－16.7を年数で案分した。

　軍事費総額にその割合を乗じて人件費を計算した。

3）労働人数

　陸海軍兵員数

4）資本価格にあたる軍備の価格には金利を用いる（金利＋1とする）。

　BJ' MADR1M基準割引率および基準貸付利率

　これに100分の1をかけて1を基準とする。出所は日本銀行公式ホームページ。

5）労働の価格

　一人当たり労働の価格：徴兵費を陸海軍兵員人数で割る

　全体の労働の価格：徴兵費

【注】

(1)　Douglass Cecil North（1961）を参照。

(2)　戸沢良一（2008）を参照。

(3)　第1章で，ここでの計算手法を展開した。効用関数の推定に関しては同じプロセスとする。水野（1999）のpp.140-145

(4)　所得の伸縮性が－0.5になる理由は，水野勝之（1998）のp.105に載っている。

第7章　日米安全保障条約と日本の経済成長[*]

1．序論

　本章の目的はFeder-Ramモデルの二部門モデルを用いて日米安全保障条約に基づくいわゆる日米同盟により供給される防衛サービスが日本の経済成長にどのような影響を及ぼしてきたのかを外部効果（externality effect）を中心に実証的に考察することである。同モデルは供給サイドから防衛費の経済効果を分析する代表的なモデルで，二部門モデルの場合，一国経済 Y（GDP）を民生部門（非防衛部門）経済 C と防衛部門経済 M に分割し，民生部門経済 C の生産関数の変数の1つとして防衛費 M を組み込み，推定結果から防衛費1％の増加が民生部門経済を何％成長させるかという弾性値を求めるもので，この弾性値を外部効果と呼ぶ。使用するデータは1994年度第1四半期から2017年第4四半期までである。この時期は日本が特に朝鮮民主主義人民共和国（以下，北朝鮮）による弾道ミサイル発射実験と核実験に直面した時期でもある。日本を取り巻く安全保障環境は冷戦終結以降大きく変化している。しばしば指摘されるのは尖閣諸島周辺における中華人民共和国（以下，中国）のものと考えられる船舶による接続水域への侵入や北朝鮮による弾道ミサイル発射実験と核実験である。前者については基本的に海上警備隊が対応しており，自衛隊等が対応しているのは後者である。防衛省ではそのウェブサイトで弾道ミサイル防衛についての取組を紹介しているが，そこでは『北朝鮮による核・弾道ミサイル開発について』と題するレポートが掲載されている[(1)]。同レポートによると弾道ミサイル発射数および核実験の回数は金正日国防委員長時代の1994〜2011年ではそれぞれ16発と2回であるのに対して後継者である金正恩国防委員長時代

になってからはそれぞれ55発と4回であり，その深刻度が増していることが示されている。自衛隊はこの北朝鮮による「ミサイル危機」に対して航空自衛隊の地上配備型迎撃ミサイルPAC3を展開したり，イージス艦を出港させたり，またミサイル迎撃のために日米共同訓練を実施したりしている。このような意味では本章の推定結果からこの時期における自衛隊等による防衛サービスが日本経済にどのような影響を及ぼしていたのかを知ることができるといえる。

　本章で用いるモデルは防衛経済学でいうところの供給サイドモデルの代表的モデルであるFeder-Ramモデルであるが，同モデルの多くの先行研究で用いられている推定方法でしばしば指摘されてきた問題点として多重共線性の発生がある。本章では安藤潤（2018a, b, c, d, e）と同様の手法で多重共線性の発生を抑える。また，近年の計量経済学ではもはや不可欠となった単位根検定と誤差修正モデル（ECM）を用いる。

2．日米安全保障条約と「安保ただ乗り論」

　防衛サービスは公共財の一例として多くの経済学のテキストで紹介されている。公共財の特色は非競合性（non-competitiveness）と非排除性（non-excludability）により説明される。通常の財・サービスはある経済主体がその財・サービスを消費するとこの財・サービスは市場から消え，もはや他の経済主体はそれを消費できない。これは競合性と呼ばれる。公共財はある経済主体がその財・サービスを消費してもこの財・サービスを他の経済主体も消費できる。これが非競合性である。また，通常の財・サービスはある経済主体がその財・サービスを市場で手に入れて消費するには対価を支払わなければならない。これは排除性と呼ばれる。しかし公共財は対価を支払わない経済主体もそれを消費できる，つまり，「ただ乗り（free-ride）」という行為ができてしまう。これがもう1つの特色である非排除性である。軍事同盟もこの公共財の性質を持ち合わせると言われる。

　冷戦下において日本は日米同盟に守られ，防衛負担を軽くしながら貴重な資

源を民生部門（非防衛部門）に投入し，経済発展をしてきたと評価されること
がある。日本の戦後の「奇跡の復興」は米国との間に激しい経済摩擦を生んで
きた。その芽はすでに1960年代末には見られていたが，1973年の第1次石油ショック
を経て日本の対米集中豪雨的輸出が米国の対日貿易収支赤字を拡大させ，1980
年代前半には日本はすでに貿易大国としてその地位を確固たるものとする一方，
米国は第1期レーガン政権下で実施されたいわゆるレーガノミクスによるドル
高がその製造業の国際競争力を低下させ，日米貿易収支不均衡は顕著となった。
また，ベトナム戦争が泥沼化し，多くの米国人が戦死してついには米軍がベト
ナムからの撤退を余儀なくされたこと，1970年代末にはイランで米国大使館が
占拠され，その救出作戦に失敗したこと，ソ連軍によるアフガニスタン軍事侵
攻を許したこと，核兵器保有量でもソ連が米国を上回ったことなど米国の軍事
力の低下も明らかとなった。そのような中で米国からしばしば聞こえてきたの
が世界第2位の経済大国となった日本への「日米安保ただ乗り論」であり[2]，
それは米国の政財界からの強烈な不満の表れであった[3]。

　しかし日本は純粋な意味での「ただ乗り」をしていたわけではない。朝鮮戦
争を契機として最終的には自衛隊が組織され，政府は自国防衛のために予算を
使用し，在日米軍に対してはいわゆる「思いやり予算」と呼ばれる米軍駐留経
費を負担してきた。それ以外にも，米軍基地周辺の住民，特に在日米軍基地の
70％以上（面積）を占める沖縄県民は，騒音や米兵による犯罪，米軍機の墜落，
再び戦争に巻き込まれるのではないかという恐怖をも負担させられてきたので
ある。そこまでの負担を負いながらも現在も日本は米国との同盟関係を維持し，
在日米軍基地の大半はまだ沖縄に存在する。たしかに冷戦終結後も東アジアか
ら軍事的緊張がなくなったわけではなく，中国の台頭や北朝鮮の核開発など日
本の安全保障環境は大きく変化している。はたして日米同盟はポスト冷戦期の
日本の経済成長に寄与していたのかを実証的に明らかにするのが本章である。

3．防衛費とマクロ経済

3−1　日本の防衛費と防衛サービス産出高

　ここで日本の防衛関連費（以下，防衛費）と防衛サービスの関係，そしてそれらと経済の関係についてここで整理しておこう。日本の防衛費は当初予算で5兆円を超えている。日本政府はこの防衛費を自衛隊員（いわゆる制服組），防衛省等の省庁で働く官僚（いわゆる背広組）の給与，自衛隊による演習に必要な弾薬，エネルギーといった財の購入，糧食費，そのほかにも研究開発や兵器の購入に充てている。兵器の購入は国内の産業からだけでなく主に米国など海外の産業からも購入している。これらは政府による需要サイドを表す。他方，政府は雇用した陸上・海上・航空自衛隊に所属する自衛隊員や当該省庁で働く官僚の労働，購入した兵器や弾薬，基地などさまざまな生産要素を投入して防衛サービスを産出し，供給している。これらは政府による供給サイドを指す。したがってこれら防衛サービスの産出高は政府の防衛費に基本的に一致することとなる。注意が必要なのは上でも述べた通り，日本は海外から防衛装備を輸入してもいるし，わずかではあるが輸出もしているので，政府の使用した防衛費のすべてが国内の経済主体の所得となるわけではないということである。需要サイドから防衛費の経済効果を分析する際には，特に兵器産業の規模が小さくその調達を海外からの輸入に依存する発展途上国などを対象として分析する際にはこの点を考慮することが重要である。また，しばしば防衛について語られる際に実際に使用した決算額ではなく，予算額が使用されることがあるが，必ずしも防衛費の決算額と予算額（一般会計当初予算）は一致するとは限らない。

3−2　防衛費と経済成長

　防衛費が一国の経済成長にどのような影響を及ぼすのかは複雑であり，それを一言で語るのは非常に困難である[4]。Dunne et al.（2005）はその効果を以下の3種類に分類している（Dunne et al. 2005, pp.450-451）。第1に，ケイン

ズ経済学的な需要効果（demand effect）である。遊休設備が発生しているとき，防衛費の外生的な増加による有効需要の増加は乗数効果を通じて資源の利用を増やし，その不完全雇用を減少させる。しかし途上国のように大きな工業部門を持たず技術水準も低いために兵器輸入が多い国は防衛費の金額ほどには国内の有効需要創出に貢献しないし，また，防衛費は機会費用を発生させ，政府の予算制約から防衛費の増加を他の公的支出の削減，増税，公債発行額の引上げなどによって他の投資などをクラウド・アウトすることもありえる[5]。もっとも新古典派経済学の立場からは，資金調達の手段が公債発行によってであれ増税によってであれ，マクロ経済に対する影響は「中立的」で，合理的な経済主体は政府支出の拡大は将来のいずれかの時点における増税を予想し，支出を拡大するのではなくむしろ将来の増税に備えて貯蓄を増加させるため，短期的な需要拡大効果はないことになる。第2の効果は供給効果（supply effect）である。経済の生産活動は労働，資本，人的資本，天然資源といった生産要素や技術水準に依存して決定される。需要効果で述べた投資のクラウディング・アウトはその分だけ資本ストックの減少をもたらし，負の供給効果を生む可能性がある。人的資本という点では軍隊での経験が民間企業で雇用されたときに労働者を多かれ少なかれ生産的にしたり，防衛部門経済における研究開発（R&D）とその結果としてのR&Dストックが時間をおいて商業利用されてスピンオフを生む可能性がある。最後に第3の効果として安全保障効果（security effect）が挙げられる。市場での経済取引は治安の安定，非戦闘状態があってこそであることを考えるならば，国の内外を問わずその脅威から生命と財産を守ることで市場が機能し，投資やイノベーションの動機となるとも考えられる。もっとも，防衛費拡大は軍拡競争を招きかねず，このような場合には必ずしもプラスの安全保障効果が生まれるとは限らない。

3－3　防衛部門経済の外部効果（externality effect）とは何か

　さて，「防衛部門経済の外部効果」とは何であろうか。その解釈は十分行われていないまま先行研究が行われてきたといっても過言ではない。防衛部門経

済で生産される防衛サービスの産出高と防衛費は一致するが，あくまで民生部門経済Cの生産関数の変数として，つまり，生産要素の1つとして組み込まれているということである。防衛経済学では防衛費が経済にプラスの影響を及ぼすのか，それともマイナスの影響を及ぼすのかに関心が集まるが，政府が防衛費で購入した兵器や兵士など防衛部門で働く労働者を民間企業や公的企業が民生部門経済における生産活動に投入しているわけではない。上で述べたように防衛サービスの1つの特徴として非排除性がある。これは対価を支払わない経済主体の消費を排除できないということだけでなく，消費したくない経済主体も消費から排除されないことをも意味する。政府は，国民が望むと望まざるとに関係なく，その生命と財産を守るために国民を代表して購入し，政府から雇用者報酬を受け取った防衛部門で働く兵士や官僚が防衛資本ストックを用いてそのサービスを政府の代わりに供給するのであって，政府による治安サービスを代替もしくは補完するために家計や企業が市場で購入する民間警備サービスとは異なり，労働者や企業からすればその生産活動に対して政府から外生的に与えられるものである。このようなことを考慮すれば，「防衛部門経済 M の外部効果」とは市場メカニズムを発揮させ，民間企業であれ公的企業であれ経済取引を通じた生産活動が自由にできる基礎条件を作り出す外生的に与えられる社会的生産基盤のようなものであり，上で述べた安全保障効果としてとらえるのが自然であると考える[6]。

4．先行研究

　後述するようにこのFeder-Ramモデルの実証分析には推定上の課題がある。この課題を残している従来の手法による実証分析を行ってきた先行研究から紹介する。

　日本における防衛部門経済の外部効果に関する先行研究としては安藤潤（1998a, 1998b, 2002）がある。安藤潤（1998a）は1971〜1995年の日本の年次データを用いて二部門モデルと三部門モデルを推定し，ともに有意な負の外部効果

を明らかにしている。また，安藤潤（1998b）は1960～1995年の日本の四半期データを用いて二部門モデルと三部門モデルを推定し，いずれのモデルであれ，また推定期間を1980年で分割しようがしまいが，日本には有意な負の外部効果が存在することを明らかにしている。ただし安藤潤（2002）では1980～1999年の年次データを用い，米国との同盟からのスピル・インを考慮した三部門モデルを推定しているが，防衛部門経済から民間部門経済への外部効果は負であるものの有意ではないことを明らかにしている。

　一国の時系列データを用いた実証分析の対象国は多くが米国である。米国における防衛部門経済から民生部門経済あるいは民間部門経済への外部効果に関する実証分析を行っている先行研究としてはAtesoglu and Mueller（1990），Huang and Mintz（1991），Mintz, and Stevenson（1995），Ward et al.（1995），安藤潤（1998a, 1999），安藤詩緒（2007），S. Ando（2009），そしてHeo（2010）がある。このうち正の有意な外部効果を明らかにしているのが冷戦期に該当する1949～1989年の年次データを用いて二部門モデルを推定したAtesoglu and Mueller（1990），冷戦期とポスト冷戦期をまたぐ1971～1995年の年次データを用いて二部門モデルと三部門モデルを推定している安藤潤（1998a），反対に有意な負の外部効果を明らかにしているのがポスト冷戦期における1993年第1四半期から1999第2四半期までの四半期データを用いて二部門モデルを推定している安藤潤（1999）である。冷戦期に当たる1980年第2四半期から1991年第4四半期までとポスト冷戦期に当たる1992年第1四半期から2010年第1四半期までのデータを用いた安藤潤（2018b）では，標準化アプローチからECMを推定した場合には両期間ともに有意な負の外部効果が明らかにされているが，その一方で標準化アプローチとシンプル・スロープアプローチをともに用いた場合ではポスト冷戦期において有意正の外部効果が明らかにされている（安藤潤 2018c）[7]。

　米国以外を対象とするものとしてはWard et al.（1995）やHeo（1997）がある。Ward et al.（1995）は上述した米国だけでなく日本についても1880～1990年までの年次データを用いて三部門モデルを推定し，やはり防衛部門経済の外

部効果がどのように変化してきたかを明らかにしている[8]。Heo（1997）は韓国の1954〜1988年までの年次データを用いて三部門モデルを推定しているが，外部効果は正であるものの有意ではないことを明らかにしている。

　パネル分析を行っている先行研究としてはAlexander（1990），Robert and Alexander（1990），Mintz and Stevenson（1995），Macnair et al.（1995），安藤詩緒（2007）およびS. Ando（2009）がある。Mintz and Stevenson（1995）はオーストリア，コンゴ，西ドイツ，グアテマラ，モロッコ，パキスタンそしてシンガポールの7か国について防衛部門経済から民間部門経済への有意な外部効果を発見している。Macnair et al.（1995）はNATO（北大西洋条約機構）に加盟するベルギー，カナダ，デンマーク，フランス，西ドイツ，イタリア，オランダ，ノルウェイ，英国および米国について1950〜1988年のデータを用いて同盟国からのスピル・インを考慮した三部門モデルのパネル分析を行い，その結果から有意な正の外部効果を明らかにしている。1995〜2003年の先進国28か国と発展途上国81か国のデータを用いた安藤詩緒（2007）の実証分析の結果は先進国も発展途上国もともに有意な正の外部効果を有することを明らかにしている。S. Ando（2009）はやはり1995〜2003年の先進国28か国と発展途上国81か国のデータを用いてパネル分析を行っているが，防衛部門経済の産出高として防衛費を代理変数として用いた場合には先進国も途上国もともに有意な正の外部効果を持つことを明らかにしているが，防衛部門経済産出高として防衛費に通常兵器の純輸出を加えたものを用いた1995〜1999年のパネル分析の結果では途上国についてのみ有意な正の外部効果を持つことを明らかにしている。

　技術進歩を考慮した非線形モデルで実証分析を行っているのがMueller and Atesoglu（1993）である。彼らは米国の1984〜1990年の年次データを用いて二部門モデルを推定しているが，防衛部門経済から非防衛部門経済への外部効果は負であるが有意ではないことを明らかにしている。この非線形モデルを用いた研究としてHeo（1998），Heo and Derouen（1998），そして Derouen（2000）がある[9]。

　このように1990年代以降盛んに実証分析が行われてきたFeder-Ramモデル

であるが，Huang and Mintz（1991），Heo（1997, 2010），安藤潤（1998a, 1998b, 1999, 2002），J. Ando（2000），やDunne et al.（2005）が指摘しているように，同モデルに内在する問題点の1つとして多重共線性の発生を挙げることができる。このうち多重共線性の発生を克服しようとしているものとしては上で述べたHuang and Mintz（1990）および Heo（1997）と安藤潤（2018a, b, c, d, e）が挙げられる。リッジ回帰で対処しているHuang and Mintz（1990）とHeo（1997）に対し，米国の年次データを用いて二部門モデルを推定した安藤潤（2018a）は，説明変数のうち交差項に含まれる2つの変数を標準化することで多重共線性の発生を抑えることに成功し，その結果，防衛部門経済の外部効果は従来の手法で得られるそれよりも非防衛部門経済に与える影響が大きく異なる可能性があることを発見している。安藤潤（2018a）は日本については1981〜2009年の，米国については1981〜2013年の年次データを用い，従来から防衛経済学の先行研究でしばしば用いられてきた従来の手法と，多重共線性の発生を抑制するべく説明変数の標準化で改善を加えた手法（以下，標準化アプローチ），そしてさらに説明変数の標準化に加え，説明変数の一部を書き換えて単純傾斜をも加えて改善を行った手法（以下，シンプル・スロープアプローチ）の3種類の手法を二部門モデルに適用し，防衛部門経済から民生部門経済への外部効果を計測している。その結果は，日本に関しては従来の手法と標準化アプローチでは外部効果は負であることを，その一方でシンプル・スロープアプローチでは外部効果は正であることを，米国に関しては3つの手法すべてで外部効果は正であることを示しているが，すべてにおいて10%でも有意ではないことを明らかにしている（安藤潤 2018a, pp.128-146）。また安藤潤（2018b, d）では従来の手法と標準化アプローチに加えECMによる推定（以下，ECMアプローチ）を導入し，安藤潤（2018c, e）では標準化アプローチとシンプル・スロープアプローチを導入し，三部門モデルで防衛部門経済から民間部門経済への外部効果を計測し，四半期データを使用して冷戦期とポスト冷戦期の比較研究が行われている。米国のデータを用いた安藤潤（2018b）における従来の手法による推定結果でも標準化アプローチを採用したECMの推定結果における長期均衡と

短期均衡でもその外部効果は冷戦期が負，ポスト冷戦期が正であること，ただし有意なのはECMにおける短期均衡だけであることを明らかにしている。同じく米国のデータを用い，標準化アプローチとシンプル・スロープアプローチを同時に採用した安藤潤（2018c）でもその外部効果は冷戦期が負，ポスト冷戦期が正で，後者のみ有意であることが明らかにされている。これらと同じ手法で日本の分析をしているのが安藤潤（2018d, e）で，従来の手法やいずれのアプローチを採用しようが日本の防衛部門経済の民間部門経済への外部効果は負であり，かつ，冷戦期のみ有意であることが明らかにされている。

　ここで注意するべきは，上述したように防衛部門経済の防衛サービス産出高は自衛隊員や当該省庁で雇用されている労働者の総労働投入量と，政府が民間企業から購入した兵器や基地など既存の防衛資本ストックを生産要素として投入し，政府が創り出した防衛サービスの付加価値の合計であり，需要者も生産者も非民間部門の政府であるが，これに対して民生部門経済で生産される財・サービスの需要者も供給者も必ずしも純粋に民間企業だけではないということである。

5．推定式

　ここではFeder-Ramモデルのうち二部門モデルの推定式を導出する。Feder-Ram二部門モデルとは，以下のように一国経済 Y（GDP）を民生部門（非防衛部門）経済 C と防衛部門経済 M に分割するモデルのことをいう。同盟国からのスピル・インを考慮したFeder-Ramモデルを用いた先行研究としては一国経済 Y（GDP）を民間部門（非政府部門）経済 P，政府非防衛部門経済 N および政府防衛部門経済 M に分割した安藤（2002）がある。本章ではこれの二部門モデルを用いる。その理由は次のとおりである。Feder-Ramモデルには三部門モデルや四部門モデルがある。たとえば三部門モデルでは一国経済を民生部門経済 C をさらに需要サイドから民間経済主体が消費や投資の対象とした民間部門経済 P と，政府が防衛サービス以外の財・サービスへの消費や投資

の対象とした政府非防衛部門経済 N，政府防衛部門経済 M に分け，二部門モデルと同様に各部門経済の生産関数を設定するのであるが，注意すべきは「民間部門経済」と呼ぶのはあくまで事後的に家計や民間企業といった民間の経済主体が支出の対象とする財・サービスを生産する部門ということであって，いわゆる民間企業が労働と資本など生産要素を投入して財・サービスを生産している部門ではない，よって民間部門経済に投入される生産要素としての労働 L_P は民間企業に雇用された労働者もいれば政府部門によって雇用された公務員もいるということである。同様に，政府非防衛部門経済に投入される生産要素としての労働 L_n は民間企業に雇用された労働者もいれば政府部門によって雇用された公務員もいる。筆者もこれまで三部門モデルを用いた推定を行ってきたがこのような誤解を招かぬよう本章では二部門モデルを採用する。また，日本の場合，いわゆる防衛費の「GNP比 1 ％枠」が三木内閣のもとで閣議決定され，それが80年代に撤廃されてからも対GDP比でみた場合もほとんど大きく逸脱することがなかった。したがって，正確には日本の経済全体ではないにせよ，プラスであれマイナスであれ，その約99％に対して防衛部門経済がどのような影響を与えるのかを実証することができ，政策的インプリケーションを導出できるからである。さて，定義より

$$Y = C + M \tag{7-1}$$

である。また，それぞれの部門の生産関数は以下のように表される。

$$C = C(L_C, K_C, M) \tag{7-2}$$
$$M = M(L_m, K_m, S) \tag{7-3}$$

ここで L は労働，K は資本，S は日米安全保障条約からのスピル・インであり，添え字の c および m はそれぞれ民生部門と防衛部門を表している。ここで労働と資本とを用いて各部門の産出高 C と M を生産している。民生部門の生産関数には労働と資本だけでなく，防衛部門経済で生産された防衛サービス M が生産要素の 1 つとして投入されていると仮定している点が一般の生産関

数の表現とは異なる点であり，この防衛サービス M が民生部門経済成長にどのように寄与しているかを，つまり，防衛部門経済から民生部門経済への外部効果を見る点に特徴がある。また，本章ではさらに日本政府が同条約を締結し，米国政府が自国の兵士や当該官庁に務める官僚と，兵器という防衛資本ストックを用いて生産している防衛サービスの一部を提供することで全体的な日本の防衛サービスを供給していることを考慮し，防衛部門の生産関数には労働と資本だけでなく，日米安全保障条約のもとで米国の防衛部門経済で生産された防衛サービスからのスピル・イン S が生産要素の１つとして投入されている。

　両部門における労働と資本の限界生産力の比率が等しく以下のように表すことができるとする。

$$\frac{M_{Lm}}{C_{Lc}} = \frac{M_{Km}}{C_{Kc}} = 1 + \delta_m \tag{7-4}$$

ここで

$$M_{Ld} = \frac{\partial M}{\partial_{Lm}} \tag{7-5}$$

$$M_{Km} = \frac{\partial M}{\partial_{Km}} \tag{7-6}$$

$$C_{Lc} = \frac{\partial C}{\partial_{Lc}} \tag{7-7}$$

$$C_{Kc} = \frac{\partial C}{\partial_{Kc}} \tag{7-8}$$

である。また

$$C = C(L_c, K_c, M) \equiv M_m^\theta \cdot \Psi_c(L_c, K_c) \tag{7-9}$$

$$M = M(L_m, K_m, S) \equiv S_{sm}^\theta \cdot \Psi_m(L_m, K_m) \tag{7-10}$$

と書くことができるものとする。この θ_{mc} および θ_{sm} がそれぞれ防衛部門経済から民生部門経済への外部効果，同盟国である米国からのスピル・インから防衛部門経済への外部効果と呼ばれる。このようにして導出されるのが以下の二

部門モデルである。

$$\frac{\Delta Y}{Y_{-1}}=定数項+\alpha\frac{l}{Y_{-1}}+\beta\frac{\Delta L}{L_{-1}}+\delta'_m\frac{\Delta M}{Y_{-1}}+\theta_{mc}\left(\frac{\Delta M}{M_{-1}}\right)\left(\frac{C_{-1}}{Y_{-1}}\right)+$$
$$\theta_{sm}(1-\delta'_m)\left(\frac{\Delta S}{S_{-1}}\right)\left(\frac{C_{-1}}{Y_{-1}}\right)+\varepsilon \tag{7-11}$$

ここで Y は実質GDP, I は実質民間投資, L は労働投入量（＝年間雇用者数×雇用者1人当たり週平均労働時間）, M と C はそれぞれ実質防衛費と実質非防衛費（実質民生支出）, S は同盟国である米国の防衛努力, つまり, 防衛費の対GDP比, ε は誤差項であり, 添え字の -1 は1期のラグを, Δ は第1階差を示している。なお, 上式では

$$\delta'_m=\frac{\delta_m}{1+\delta_m} \tag{7-12}$$

と書き改められている。

6．実証分析

6 － 1　記述統計

表 7 - 1　記述統計

期　　　間	1994年度I－2016年度IV（n=96）			
変　　　数	最 小 値	最 大 値	平 均 値	標準偏差
Y	-7.315	6.181	0.324	3.316
X_1	20.096	35.565	25.998	3.517
X_2	-6.554	6.168	-0.002	3.164
X_{31}	-7.277	8.306	0.016	3.626
X'_3 [a)]	-2.011	2.286	0.000	1.000
X_4	-4235.443	10841.920	608.735	3397.520
X'_4 [b)]	-0.321	4.424	0.734	1.068
X_5	-569.839	343.627	-36.420	176.955

（注２）表中のa）は平均0，標準偏差1となるように変数が標準化
　　　　されていることを表している。
（注３）表中のb）はX_4を構成する2つの分数がともに平均0，標
　　　　準偏差1となるように変数が標準化されていることを表してい
　　　　る。
（出所）筆者作成。

今，あらためて（7－11）式を以下のように書き換えておこう。

$$Y＝定数項＋a_1X_1＋a_2X_2＋a_3X_3＋a_4X_4＋a_5X_5＋e \qquad (7－13)$$

ここでX_1，X_2，X_3，X_4，X_5はそれぞれ$\frac{\Delta Y}{Y_{-1}}$，$\frac{l}{Y_{-1}}$，$\frac{\Delta L}{L_{-1}}$，$\frac{\Delta M}{Y_{-1}}$，$\left(\frac{\Delta M}{M_{-1}}\right)$$\left(\frac{C_{-1}}{Y_{-1}}\right)$，$\left(\frac{\Delta S}{S_{-1}}\right)\left(\frac{C_{-1}}{Y_{-1}}\right)$である。

上の（7 −13）式で用いられる各変数の記述統計は表7-1に示されている通り
である。X'_3は平均0，標準偏差1となるよう標準化されたX_3，つまり$\frac{\Delta M}{Y_{-1}}$
を，X'_4は同様に標準化されたX_4を構成する2つの分数 $\frac{\Delta M}{M_{-1}}$ および $\frac{C_{-1}}{Y_{-1}}$ の積で
ある。これら変数に関する標準化の理由については後述する。使用したデータは
内閣府『2017年度国民経済計算（2011年基準・2008SNA）』（https://*www.esri.cao.*
go.jp/jp/sna/data/data_list/kakuhou/files/h29/h29_kaku_top.html），総
務省『労働力調査　長期時系列データ（基本集計）』（http://www.stat.go.jp/data
/roudou/longtime/03roudou.html）の「月別結果―全国」，厚生労働省『毎月勤
労統計調査　全国調査　長期時系列表』（https://www.e-stat.go.jp/stat-search/
files?page=1&layout=datalist&toukei=00450071&tstat=000001011791&cycle=1&year=
20090&month=24101212&tclass1=000001012432）の「就業形態別総実労働時間
指数及び増減率−就業形態計（5人以上）調査産業計」，財務省『財政統計』
（http://www.mof.go.jp/budget/reference/statistics/data.htm）の「第20表　昭和
42年度以降主要経費別分類による一般会計歳出予算現額及び決算額」，米国商
務省統計分析局（BEA）『NIPA』の「Interactive Data」（https://apps.bea.go
v/itable/index.cfm）である。防衛費の実質化に当たっては西川（1984）にした
がって政府最終消費支出デフレータを0.75，公的総資本形成デフレータを0.25
とする加重平均により算出した。この結果，防衛費の実質値が異なるため実質
GDPも実質民間支出，実質政府部門非防衛費と新たに算出された実質防衛費
を合計して算出されている。

6－2　単位根検定

表7-2　ADF検定の結果（定数項・トレンドあり）

期　　間	1994年度Ⅰ－2016年度Ⅳ（n＝96）
変　　数	定数項・トレンドあり
Y	$I(0)$ ***
X_1	$I(1)$ **
X_2	$I(0)$ **
X_3	$I(0)$ ***
X'_3 a)	$I(0)$ ***
X_4	$I(1)$ ***
X'_4 b)	$I(1)$ ***
X_5	$I(1)$ ***

（注1）表中のカッコ内の数字は階差の次数を，***および**はそれぞれ単位根あり
　　　　との帰無仮説を0.1％および1％で棄却できることを表している。
（注2）表中の a) は平均0，標準偏差1となるように変数が標準化されていること
　　　　を表している。
（注3）表中の b) はX_4を構成する2つの分数がともに平均0，標準偏差1となる
　　　　ように変数が標準化されていることを表している。

　（7－13）式の被説明変数および説明変数の単位根検定として拡張版Aug-
mented Dicky-Fuller検定（ADF検定）を用いた。その結果は表7-2に示され
ている。X_1，X_4，X'_4，X_5は単位根なしとの帰無仮説を次数1でしか棄却でき
ず，変数間に共和分関係が存在するものと考えられる。

表7-3　従来の手法による推定結果

推定期間	1994年度Ⅰ－2016年度Ⅳ（n＝96）			
変　　数	推定係数	t 値		VIF
定数項	−0.322	−0.114		
X_1	−0.040	−0.340		2.298
X_2	0.272	2.701	**	1.359

X_3	-2.735	-4.952	***	53.810
X_4	0.003	4.930	***	52.667
X_5	0.001	0.357		1.073
θ_{sm}		0.000		
δ_m		-0.732		
$adj.R^2$		0.356		
SE		2.661		
DW		1.986		
$BG_{LM}(2)$		11.982**		
$BG_{LM}(3)$		13.389**		
$BG_{LM}(4)$		63.233***		
JB		1.032		
BP_{Hetero}		18.112**		
F		11.502***		

（注）表中の***，**および†はそれぞれ0.1％，1％および10％で有意であることを
　　表している。

　従来の手法による（7-13）式の単純最小二乗法（OLS）による推定結果は
表7-3に示されている。ここでVIFは分散増幅要因，$adj.R$は自由度修正済
み決定係数，SEは標準誤差，DWはDurbin-Watson検定統計量，$BG_{LM}(2)$，
$BG_{LM}(3)$，$BG_{LM}(4)$はそれぞれ次数を2，3，4とする誤差項の系列相関を検
定するBreusch-Godfreyのラグランジュ乗数（LM）検定統計量，JBは誤差項
の正規分布を検定するJarque-Bera統計量，BP_{Hetero}は誤差項の均一分散を検定
するBreusch-Pagan統計量，FはF検定統計量である。ここでは同表の下部に
示されている各統計量の解釈は省略する[10]。各説明変数のVIFをみると第3変
数と第4変数のVIFが1つの目安となる10を超えており多重共線性の発生が疑
われるため，本章での推定にはX'_3およびX'_4を使用する。

6 - 3　推定結果

表 7 - 4　推定結果（長期均衡）

推定期間	1994年度 I －2016年度IV （n ＝96）		
変　　数	推定係数	t 値	VIF
定数項	−1.814	−1.041	
X_1	0.033	0.448	1.905
X_2	0.255	2.409 ＊	1.345
X'_3	−0.030	−0.117	1.364
X_4	1.757	6.568 ＊＊＊	1.926
X'_5	0.000	0.260	1.067
θ_{sm}		0.000	
δ_m		−0.029	
$adj.R^2$		0.358	
SE		2.658	
DW		2.156	
$BG_{LM}(2)$		6.693 ＊	
$BG_{LM}(3)$		11.709 ＊＊	
$BG_{LM}(4)$		63.826 ＊＊＊	
JB		0.459	
BP_{Hetero}		6.099	
F		234.880 ＊＊＊	

（注）表中の＊＊＊，＊＊および＊はそれぞれ0.1％， 1 ％および 5 ％で有意であることを表している。

（ 7 −13）式のX_3およびX_4をX'_3およびX'_4に変更した推定結果は表 7 - 4 に示されている。Durbin-Watson検定統計量から誤差項に 1 次の系列相関がないとの帰無仮説を 5 ％水準でも棄却できないが，Breusch-GodfreyのLM検定の結果は誤差項に 2 次， 3 次， 4 次の系列相関なしとの帰無仮説をそれぞれ 5 ％， 1 ％，0.1％水準で棄却することができる。Jarque-Bera検定統計量は

誤差項の分散が正規分布であるとの帰無仮説を棄却していないため誤差項の分散均一に関する帰無仮説が棄却されるかどうかについてはBreusch-Pagan検定統計量をみることとする。同検定統計量は誤差項の分散は均一であるとの帰無仮説を0.1%で棄却している。F検定統計量はすべての係数が 0 であるとの帰無仮説を0.1%で棄却している。以上の検定結果を受けてここではNewey-Westの一致性のある推定が行われている。すべての説明変数についてVIFは 2 を下回っている。第 2 変数が 5 %で，第 5 変数が0.1%で有意である。これら以外の 3 つの説明変数はすべて有意ではない。第 5 変数の推定係数は防衛部門経済から民生部門経済への外部効果 θ_{mc} であり，それは1.76である。第 3 変数から得られる δ_m は -0.029 である。ともに有意に 0 とは異ならない第 3 変数と第 5 変数それぞれの推定係数から得られる θ_{sm}，つまり日米同盟における米国の防衛努力が日本の防衛部門経済に与える外部効果は正であるが0.000とその弾性値はきわめて小さい。

表7-5　誤差項のADF検定の結果

定数項あり・トレンドなし	定数項あり・トレンドあり
-1.783	-4.011

（注）有意水準はDavidson and MacKinnon（1993, p.722, Table 20.2）による。
　　　ただし同表では定数項とトレンドがともにない単位根検定の有意水準は示されていない。

ここでEngel and Granger（1989）の方法で誤差項の単位根検定を行う。上記推定結果の誤差項のADF検定の結果は表 7 - 5 に示されている。この誤差項の単位根検定にはDavidson and MacKinnon（1993, p.722）のTable 20.2が用いられる（飯塚・加藤 2006, p.127）。2 種類のADF検定の結果はともに 5 %水準でも単位根ありとの帰無仮説を棄却できていない。

表 7 - 6 　 Johannsenの共和分検定の結果（トレース統計量）

共和分の数に関する帰無仮説					
$r=0$	$r \leqq 1$	$r \leqq 2$	$r \leqq 3$	$r \leqq 4$	$r \leqq 5$
0.931 ***	0.752 ***	0.367 ***	0.337 ***	0.108	0.026

（注）表中の***および†はそれぞれ0.1％および10％でそれぞれの共和分の数に関する帰無仮説が棄却されることを表している。

　次にJohannsen（1988）の共和分検定を行う。その結果は表 7 - 6 に示されており，「共和分の数は少なくとも 4 個」が支持されている。これら共和分検定の結果を受けて下の（ 7 −14）式で表されるECMを推定する。

$$\Delta Y = 定数項 + b_1 \Delta X_1 + b_2 \Delta X_2 + b_3 \Delta X_3 + b_4 \Delta X_4 + b_5 \Delta X_5 + \delta ECT_{-1} + e$$

$$（7-14）$$

表 7 - 7 　 ECMの推定結果

推定期間	1994年度Ⅱ−2016年度Ⅳ（n ＝95）			
変　　数	推定係数	t 値		VIF
定数項	0.068	0.456		
ΔX_1	1.442	16.428	***	4.033
ΔX_2	0.148	5.568	***	2.378
$\Delta X'_3$	0.451	3.990	***	3.856
$\Delta X'_4$	0.661	4.355	***	2.564
$\Delta X'_5$	0.000	0.901		1.070
ETC_{-1}	−0.690	−8.232	***	1.855
θ_{sm}		0.001		
δ_m		0.820		

$adj.R^2$	0.937	
SE	1.233	
DW	1.449	
$BG_{LM}(2)$	15.145	***
$BG_{LM}(3)$	21.620	***
$BG_{LM}(4)$	33.029	***
JB	1.053	
BP_{Hetero}	6.945	
F	162.416	***

（注）表中の***，**，*および†はそれぞれ0.1%，1 %，5 ％および10%で有意であることを表している。

　ここでECTは誤差修正項を表している。ECMのOLSによる推定結果は表 7 - 7 に示されている。Durbin-Watson検定統計量から誤差項に 1 次の系列相関がないとの帰無仮説を 5 ％水準で棄却できる。また，Breusch-GodfreyのLM検定の結果は誤差項に 2 次，3 次，4 次の系列相関なしとの帰無仮説をすべて0.1%水準で有意に棄却することができる。Jarque-Bera検定統計量は誤差項の分散が正規分布であるとの帰無仮説を棄却していない。Breusch-Pagan検定統計量は誤差項の分散は均一であるとの帰無仮説を棄却していない。以上の検定結果を受けてここではNewey-Westの一致性のある推定が行われている。誤差修正項は0.1%で有意であり，誤差項を考慮することが重要であることを示している。第 5 変数を除く残りの 4 変数もすべて0.1%で有意である。この短期均衡における第 3 変数の推定係数δ'_mが正であることから防衛部門経済の拡大は日本のマクロ経済全体を成長させることがわかる。防衛部門経済から民生部門経済への外部効果θ_{mc}は正であり，その弾性値は0.66である。第 5 変数は有意ではないが，この推定係数と有意なδ'_mとから算出されるθ_{sm}は0.001であり，日本は安保条約に「ただ乗り」しているのではなく「協調行動」をとっていることになる。

7．総括

　本章では日米安全保障条約のもとにおける日米同盟を考慮したFeder-Ram
モデルの二部門モデルを1994年度以降の四半期データを用いて推定した。その
結果，第1に誤差修正項を考慮することが重要であること，第2に短期均衡に
おいては日本の防衛費拡大はそのマクロ経済を成長させること，第3に短期均
衡において日本政府による防衛サービスは民生部門経済，つまり，非防衛部門
経済に対する正の外部効果を持つこと，そして第4に短期均衡において日本は
米国の防衛努力に「協調的行動」をとっており，米国の防衛努力増大は日米安
全保障条約を通じて間接的に日本の民生部門経済に正の効果をもたらすこと，
ただしその効果はきわめて小さく，しかもその算出に使用した推定係数が有意
ではないことからその間接的外部効果は0といえることが明らかにされた。

　さて，日本の民生部門経済の生産活動に対して交戦状態のない安全な環境を
作り出しているのは防衛サービスだけであろうか。尖閣諸島周辺における中国
のものと考えられる船舶による接続水域への侵入や北朝鮮のものと思われる工
作船に対して対応しているのは海上警備隊であり，日々の国民生活において犯
罪を抑止し，治安を一定水準維持しているのは警察である。このようなことを
考えると外部効果は防衛サービスだけでなくこれら行政サービスを含めた広義
の安全保障サービスから考えることが望ましいのではないか。この実証分析に
関しては今後の課題としたい。

　本章では四半期データを用いた推定が行われたが，防衛経済学の先行研究で
は年次データを用いるのが一般的である。Appendixには1995年度以降の年次
データの記述統計，各変数のADF検定の結果，Johannsenの共和分検定の結
果，標準化アプローチによる（7－13）式の推定結果およびそのECMの推定
結果が示されている。長期均衡の推定結果表7-A4と短期均衡の推定結果表
7-A5ともに防衛部門経済から民生部門経済への外部効果は有意ではない負，
有意な第3変数と有意ではない第5変数から算出される日米同盟の日本の防衛

部門経済に対する外部効果も負であり，四半期データを用いた両外部効果とは異なって日本の防衛費の対米「ただ乗り行動」が示されている。したがって米国の防衛努力増大は間接的に日本の民生部門経済を拡大させることを意味している。また長期均衡と短期均衡の両方において第 3 変数は有意な負であり，日本による防衛費拡大がそのマクロ経済全体に対して負の成長をもたらすという結果が示されている。このような年次データと四半期データによる正反対の防衛部門経済の外部効果は安藤潤（2018a，d，e）でも明らかにされており，いずれの推定結果を採択するかによって政府による政策は大きく異なってくる点を指摘して本章を終えることとする。

第 7 章付録

　本文中の表は四半期データによる推計である。年次データの結果も示しておく。

表 7 -A 1　記述統計

期　　　間	\multicolumn{4}{c}{1995年度－2016年度（n =22）}
変　　　数	最 小 値	最 大 値	平 均 値	標準偏差
Y	−3.487	3.289	0.935	1.691
X_1	20.841	32.487	26.068	3.268
X_2	−2.926	0.727	−0.451	1.040
X_3	−0.029	0.031	0.004	0.015
X'_3 [a]	−2.246	1.853	0.000	1.000
X_4	−278.044	327.884	41.302	143.887
X'_4 [b]	−0.401	5.323	0.751	1.418
X_5	−885.705	958.241	−174.851	492.899

（注 2 ）表中の a ）は平均 0 ，標準偏差 1 となるように変数が標準化されていることを表している。
（注 3 ）表中の b ）は X_4 を構成する 2 つの分数がともに平均 0 ，標準偏差 1 となるように変数が標準化されていることを表している。
（出所）筆者作成。

114

表7-A2　ADF検定の結果

期　　　間	1995年度－2016年度（n＝22）
変　　　数	定数項・トレンドあり
Y	I（0）*
X_1	I（1）**
X_2	I（0）*
X_3	I（0）†
X'_3 [a]	I（0）†
X_4	I（0）†
X'_4 [b]	I（0）*
X_5	I（1）*

（注1）表中のカッコ内の数字は階差の次数を，***および**はそれぞれ単位根あり
　　　との帰無仮説を0.1％および1％で棄却できることを表している。
（注2）表中のa）は平均0，標準偏差1となるように変数が標準化されているこ
　　　とを表している。
（注3）表中のb）はX_4を構成する2つの分数がともに平均0，標準偏差1となる
　　　ように変数が標準化されていることを表している。

表7-A3　誤差項のADF検定の結果

定数項あり・トレンドなし	定数項あり・トレンドあり
－4.271	-4.530

（注）有意水準はDavidson and MacKinnon（1993, p.722, Table 20.2）による。
　　ただし同表では定数項とトレンドがともにない単位根検定の有意水準は示されて
　　いない。

表7-A4　年次データを用いた推定結果

推定期間	1995年度－2016年度（n＝22）			
変　数	推定係数	t 値		VIF
定数項	－3.202	－1.649		
X_1	0.183	2.473	*	1.575
X_2	1.324	6.711	***	1.139
X'_3	－0.791	－2.974	**	1.915
X_4	－0.086	－0.513		1.544
X'_5	0.000	－0.402		2.064
θ_{sm}		－0.000		
δ_m		－0.442		
$adj.R^2$		0.729		
SE		0.881		
DW		2.118		
$BG_{LM}(2)$		0.565		
$BG_{LM}(3)$		0.603		
$BG_{LM}(4)$		2.848		
JB		0.524		
BP_{Hetero}		2.720		
F		12.275	***	

（注）表中の***，**および*はそれぞれ0.1%，1％および5％で有意であることを表している。

表7-A5　年次データを用いたECMの推定結果

推定期間	1996年度－2016年度（n＝21）			
変　数	推定係数	t 値		VIF
定数項	0.150	0.684		
ΔX_1	0.632	2.047	†	3.293

ΔX_2	1.270	5.890	***	2.200
$\Delta X'_3$	-0.715	-4.289	***	1.226
$\Delta X'_4$	-0.013	-0.089		1.648
$\Delta X'_5$	0.000	0.437		1.436
ETC_{-1}	-1.279	-4.633	***	1.319
θ_{sm}		-0.746		
δ_m		-0.417		
$adj.R^2$		0.862		
SE		0.841		
DW		1.850		
$BG_{LM}(2)$		0.841		
$BG_{LM}(3)$		1.652		
$BG_{LM}(4)$		11.296	*	
JB		0.017		
BP_{Hetero}		5.582		
F		21.847	***	

（注）表中の***，*および†はそれぞれ0.1%，5％および10%で有意であることを表している。

表 7 -A 6　Johannsenの共和分検定の結果（トレース統計量）

共和分の数に関する帰無仮説										
$r=0$		$r\leqq1$		$r\leqq2$		$r\leqq3$		$r\leqq4$		$r\leqq5$
0.995	***	0.943	***	0.751	**	0.624	*	0.520	†	0.076

（注）表中の***および†はそれぞれ0.1%および10%でそれぞれの共和分の数に関する帰無仮説が棄却されることを表している。

【注】

（＊）　本論文の一部は2019年 2 月23日に東京大学駒場キャンパスで開催された冷戦研究
　　　会第49回例会における合評会での基調講演によっている。コメンテータを務めていた
　　　だきました齊藤孝祐先生（横浜国立大学），加藤浩章先生（東京福祉大学）をはじめ
　　　参加者の先生方から貴重なコメントをいただきました。ここに記して感謝いたします。

（1）　防衛省（2016）参照。

（2）　「日米安保ただ乗り論」については黒川（1983, pp.31-45, 151-154），坂井（1984,
　　　pp.210-221；1988, pp.214-215, 321-322），都留（1996, pp.70-72）などを参照。

（3）　たとえば1982年 3 月 3 日に下院外交委員会に対してハンター議員によって提出さ
　　　れた「ハンター案」は自由主義諸国の中でGNP（国民総生産）第 2 位となった日本に
　　　より大きな防衛分担を求めるべきとの議会の要求が示されている（黒川 1983, p.31）。
　　　米国はトランプ政権誕生後においても公の場では「ただ乗り」という言葉を使っては
　　　いないようではあるが，日本だけでなく韓国やNATOに対して防衛負担の少なさに対
　　　する不満の声や米軍駐留経費負担増を求める声が上がっている。2018年 7 月12日付
　　　『日本経済新聞』朝刊によればトランプ米国大統領は同年 7 月11日に開催されたNATO
　　　首脳会議においてNATOに加盟する欧州諸国に対して国防費の対GDP比数値目標を
　　　 2 ％から 4 ％に引き上げ，より一層の国防費負担引き上げを求めた。また2019年 2 月
　　　11日付『日本経済新聞』朝刊は同年 2 月10日に韓国が2019年在韓米軍駐留費を前年比
　　　 8 ％の負担増で米国と合意したことを伝えている。

（4）　たとえば第 2 次大戦末期のような空爆や空襲で生産設備や労働者たる一般市民を
　　　相当程度失った状況で，しかも資源の輸入制限が施されているような状況で使用する
　　　防衛費 1 単位と，現在の日本のようにどこからも武力攻撃を受けておらず交戦状態に
　　　ない状況で，しかも海外から資源を輸入できるような状況で使用する防衛費 1 単位と
　　　が経済成長に対してまったく同一の効果を生むとは考えられないからである。

（5）　たとえば1980年代前半のレーガン政権下の米国経済がこれに当たるだろう。イン
　　　フレーションに悩む米国ではFRB（米国連邦準備制度理事会）が金利を引き上げると
　　　ともに連邦政府が大量の公債を発行した結果，金融市場で金利が上昇して民間投資が
　　　一部抑制されとされる。

（6）　防衛部門経済の外部効果が政府により外生的に与えられる社会的生産基盤のよう
　　　なものであることは第 5 節における生産関数（9）式および（10）式からも理解でき
　　　るだろう。

（7）　標準化アプローチとシンプル・スロープアプローチについては本章99ページを参
　　　照。

118

(8)　ただしWard *et al.*（1995）ではデータが得られなかったとして日本については1940年から1946年までの推定から除外している。

(9)　Heo（1998）は80か国の60年代以降の冷戦期の年次データを用いて三部門モデルを推定し，18か国で有意な正の，4か国で有意な負の防衛部門経済から民間部門経済への外部効果を確認している。Heo and Derouen（1998）は東アジアの新興工業経済圏のうち韓国，台湾，インドネシア，マレーシア，そしてタイの1961～1990年のデータを用いて三部門モデルを推定し，防衛部門経済から民間部門経済への有意な正の外部効果はインドネシアだけである。

(10)　表3におけるBreusch-GodfreyのLM検定の結果は誤差項に2次，3次，4次の系列相関なしとの帰無仮説をそれぞれ1％，1％，0.1％水準で棄却することができ，また，Jarque-Bera検定統計量は誤差項の分散が正規分布であるとの帰無仮説を棄却しておらず，Breusch-Pagan検定統計量は誤差項の分散は均一であるとの帰無仮説を0.1％で棄却しているBreusch-Pagan検定統計量をみることとする。同検定統計量は誤差項の分散は均一であるとの帰無仮説を1％で棄却しているためNewey-Westの一致性のある推定が望ましいと考えられるがここではVIFのみに注目するためその推定は行われていない。

補論　防衛部門を含んだ 4 × 4 産業連関表の作成手順

1．防衛部門を含んだ 4 × 4 産業連関表を作成する意義

　日本での産業連関表を用いた防衛の分析の先行研究には，Ueno,E.（2015）がある。しかし，経済モデルを活用しての本格的な分析は例がない。その大きな理由は，防衛部門を陽表化させた産業連関表がないことがあげられる。

　そこで，ここでは防衛部門を一部門として独立させた産業連関表の作成を試みる。第 1 次産業，第 2 次産業，第 3 次産業の各部門と，防衛部門の 4 部門からなる 4 × 4 の産業連関表を作る手法を提案する。

　その意義は次の通りである。

　第 1 の意義は，防衛部門を含む産業連関表を（延長表を使って）毎年作れば，時系列解析が可能になり，様々な経済モデル分析につながるということである。筆者たちも，これまで，独自のモデルを作成してきたが，そのようなモデルを使い，これまでなかった新たな防衛の経済モデル分析が行える

　第 2 の意義は，計量経済学をはじめ経済の多くの実証分析では，その研究者が作成したプロセスが見えにくいので，補論でそれを見える化することである。手順は述べられているが，実際の作成ではいくつもの困難が伴う。研究者の作ったデータを信頼せざるを得ない。そこで，補論で詳細にプロセスを載せることにより，実証分析に使うデータの具体的加工方法を読者にわかるようにしたい。

　防衛部門の作成は，防衛年鑑データ，産業連関表や国連統計での武器取引データなどに限られて困難を極めるが，一歩進まなければそのあとの展開はゼロとなる。本補論は，その一歩である。

2．実際の作成手順

　一度，行と列に農林水産業，工業，「その他（含む鉱業，建設，第3次産業，分類不明)」部門の3×3の産業連関表を作り，その後，工業から分けた防衛産業，「その他」部門から分けた公務防衛を作り，農林水産業，（防衛産業を除いた）工業，「（公務防衛を除いた後の）その他」部門を合わせての5×5の産業連関表を作る。そのあと，防衛産業，公務防衛を統合し，農林水産業，工業（除防衛)，防衛，3次（除公務防衛）の4×4の産業連関表を作る。

【手順1】　3×3の産業連関表の作成
　「農林水産業」「工業」「我々のその他」の3部門に統合した産業連関表を作る。
　　＊「我々のその他」には鉱業，建設業，分類不明も含む。

列を合計する。
表A‐1

	農林水産業	工業	その他	国内分最終需要	国内需要	輸出	輸入	最終需要合計	国内総生産
米	列の農業，林業，漁業部分を足す。	列の鉱業を除く製造業部分を足す	列の，鉱業，建設，3次，分類不明を足す						
‥‥									
‥‥									

分類不明		
中間需要		
付加価値		
総生産		

行を合計する。

表A-2

	農林水産業	工業	その他	中間需要	国内分最終需要	国内需要	輸出	輸入	最終需要合計	国内総生産
農林水産業	行の農業,林業,漁業部分を足す。									
工業	行の鉱業を除く製造業部分を足す	①								
その他	行の,鉱業,建設,3次,分類不明を足す									
中間需要										
付加価値										
総生産										

【手順2】　防衛年鑑のデータを産業連関表で活用できるようにする。

　防衛年鑑のデータは，年度データである。暦年で計算される産業連関表に合わせるため，年度データを暦年データに直す。防衛年鑑での防衛庁の工業からの調達の各データを年度から暦年に直す。当該年度データに4分の3をかけて，

前年度の4分の1を加える。

データ：

　　表：我が国工業生産における防衛産出の地位

　　表：我が国工業生産額に占める防衛生産総額の比率

（2015年防衛年鑑の場合p.455）

【手順3】　5×5の産業連関表を作る。

　仮の4×4の産業連関表を作る。列で，その他から「公務防衛」を切り離す。「公務防衛」が，政府の防衛産業から，そして政府の「その他」部門（物件費）からの調達にあたる。

表A-3

	農林水産業	工業	公務防衛	その他	中間需要	国内分最終需要	国内需要	輸出	輸入	最終需要合計	国内総生産
農林水産業			0を入れる								
工業		④	②防衛年間の「工業に占める防衛調達額の割合」を①に乗じる。								

		⑤防衛年間の「工業に占める防衛調達額の割合」を④に乗じる。	③防衛年間の防衛庁の工業からの調達額を入れる。						
防衛産業	0を入れる								
その他			⑥防衛年鑑等で別途計算した物件費の調達額を入れる。	⑦					
中間需要									
付加価値									
総生産									

②　防衛年間の「工業に占める防衛調達額の割合」を①に乗じる。

⑤　「防衛産業→工業」の数字入れ
防衛産業→工業　「その他工業（除防衛）→工業」の0.007倍（2013年工業生産に占める防衛省防衛受注額の割合。防衛年鑑より）をかける。
④　そのあと，「工業」からその新たな「防衛産業→工業」⑤を差し引く。（次表A-4）

⑥　「我々のその他→公務防衛」への数字入れ
防衛関係予算データから，物件費を取り出し表A-2に載せる。年度を暦年，単位を百万円に直す。

124

その「物件＋費糧食費」（両方を足す。（糧食費が工業の項目に入っているので））
から，防衛工業生産額を差し引く。

「我々のその他→公務防衛」が完成

⑦　そのあと，「「我々のその他」→「我々のその他」」からその新たな「我々
のその他→公務防衛」を差し引く。（下記表A-4）

③　「防衛産業（横）→公務防衛（縦）」

防衛庁の工業をそのまま入れる。

②　「工業→防衛（公務）」からその分を差し引く（下記表A-4）

表A-4

	農林水産業	工業	公務防衛	その他（除公務防衛）	中間需要	国内分最終需要	国内需要	輸出	輸入	最終需要合計	国内総生産
農林水産業											
工業（除防衛産業）		④から⑤を引く	②から③を引く								
防衛産業											
その他				⑦から⑥を引く							
中間需要											
付加価値											
総生産											

【手順４】

表A-5

	農林水産業	工業	公務防衛	その他（除公務防衛）	中間需要	国内分最終需要	国内需要	輸出	輸入	最終需要合計	国内総生産
農林水産業					左部分行の合計					（行で）国内最終需要＋輸出＋輸入（連関表ではマイナスで表示）	⑪（行で）中間需要＋最終需要合計
工業（除防衛産業）					左部分行の合計	b1	⑧ b2	b3	⑨ b4	（行で）国内最終需要＋輸出＋輸入（連関表ではマイナスで表示）b5	⑫（行で）中間需要＋最終需要合計 b6
防衛産業					左部分行の合計	c1 武器部門の在庫増減の実際の産業連関表の値を入れる	⑩ c2	c3 国連の小型武器輸出データを円に直し入れる	c4 ⑩に⑧と⑨の割合をかける	c5（行で）国内最終需要＋輸出＋輸入（連関表ではマイナスで表示）	⑬（行で）中間需要＋最終需要合計 c6

その他					左部分行の合計			（行で）国内最終需要＋輸出＋輸入（連関表ではマイナスで表示）	⑭（行で）中間需要＋最終需要合計
中間需要	上部分列の合計	上部分列の合計	上部分列の合計	上部分列の合計	縦横の合計が一致するか確認				
付加価値		（最後の作業）「列総生産から列中間需要を引く	（最後の作業）「列総生産から列中間需要を引く	a3 防衛年鑑等で防衛の人件費を計算しそれを入れる（「人件費・糧食費」—糧食費で計算）	a1（最後の作業）「列総生産から列中間需要を引く				
総生産	⑪を書く	⑫＋⑬	⑮この列の中間需要と付加価値を足す	a2 ⑭から⑮を引く					

中間需要と最終需要を足して総生産額を計算する。

最下段の「農林水産業」「工業」の総生産額からそれぞれの中間需要合計を差し引いてそれぞれの付加価値を計算する。

表中の説明通りに作成。ただし，付言すれば次のようなことが言える。

ａ３　公務防衛の付加価値

　人件費（糧食費は除く）の実績値を入れた。

　縦の公務防衛の付加価値額に防衛の人件費（「人件費・糧食費」―糧食費で計算）を入れる。

⑮　縦の公務防衛の合計とその付加価値額を足して左下の公務防衛の総生産額を書く

ｂ１〜ｂ６　防衛産業の最終需要について

国内最終需要は，国内の武器の最終需要（在庫増減）を入れる

輸出については，国連の武器輸出の統計を年平均の為替レートで円に換算して入れる。

輸入については，工業の生産に対する輸入品比率を防衛産業の生産に対して乗じて求める。

防衛産業に関して輸出，輸入を計算したら，工業については工業からその分を差し引いて最終需要，生産額を計算する

外した分が２重計算にならないように次の作業を行う。

ａ２　表最右列横の「我々のその他」の総生産額から，表最下行左下の公務防衛の総生産額を引いたものを表最下行の左下の「我々のその他」の総生産額に書く。

ａ１

ａ１からａ３を差し引き，改めてａ１とおく。

ｂ１〜ｂ６からｃ１〜ｃ６を差し引き，改めてｂ１〜ｂ６とおく。

【手順５】

行に「公務防衛」を作る

　「公務」からは，実際の産業連関表では「分類不明」のみ数字が入っている

128

ので，ここでは（中間取引では）「その他」にのみ数字を入れる。そこに入る数字は，最下段の公務防衛の生産総額となり，行の一番右の総生産もそれとなる。

列に防衛産業を作る

　農林水産業を除いて，工業の列の比率と同じものを総生産額に乗じたものを列の防衛産業とする。工業の列からその防衛産業の列を引く。（表A-7）

表A-6

	農林水産業	工業	防衛産業	公務防衛	その他（徐公務防衛）	中間需要	最終需要合計	国内総生産
農林水産業		⑯	0を入れる					
工業（徐公務防衛）		⑰	⑰に㉑と㉒の割合を乗じる					
防衛産業		⑱	⑱に㉑と㉒の割合を乗じる					
公務防衛	0を入れる	0を入れる	0を入れる	0を入れる	㉓ ⑮を入れる d1	⑮を入れる d2	0を入れる	⑮を入れる d3
その他		⑲	⑲に㉑と㉒の割合を乗じる		ここからd1を引く	ここからd2を引く		ここから d3 を引く
中間需要								
付加価値		⑳	⑳に㉑と㉒の割合を乗じる					
総生産		㉑	⑬を入れる					

　　　　㉒＝⑰＋⑱＋⑲＋⑳

表A-7

	農林 水産業	工業	防衛 産業	公務 防衛	その他 (徐公務 防衛)	中間 需要	最終需 要合計	国内 総生産
農林 水産業		ここから 右の防衛 産業の列 を引く						
工業 (徐公務 防衛)		ここから 右の防衛 産業の列 を引く						
防衛産業		ここから 右の防衛 産業の列 を引く						
公務防衛		ここから 右の防衛 産業の列 を引く						
その他		ここから 右の防衛 産業の列 を引く						
中間需要		ここから 右の防衛 産業の列 を引く						
付加価値		ここから 右の防衛 産業の列 を引く						
総生産		ここから 右の防衛 産業の列 を引く						

表A-7が，5×5の完成である。

130

【手順6】 4×4の完成

列の防衛産業と列の公務防衛を足す

行の防衛産業と行の公務防衛を足す

表A-8

	農林水産業	工業	防衛	防衛産業	公務防衛	その他（徐公務防衛）	中間需要	最終需要合計	国内総生産
農林水産業			列の防衛産業＋公務防衛						
工業（徐公務防衛）			列の防衛産業＋公務防衛						
防衛	行の防衛産業＋公務防衛	行の防衛産業＋公務防衛	列の防衛産業＋公務防衛	行の防衛産業＋公務防衛	行の防衛産業＋公務防衛	行の防衛産業＋公務防衛	行の防衛産業＋公務防衛	行の防衛産業＋公務防衛	行の防衛産業＋公務防衛
防衛産業			列の防衛産業＋公務防衛						
公務防衛			列の防衛産業＋公務防衛						
その他			列の防衛産業＋公務防衛						
中間需要			列の防衛産業＋公務防衛						

付加価値			列の防衛産業＋公務防衛				
総生産			列の防衛産業＋公務防衛				

最後に防衛産業，公務防衛を列と行から外せば，5 × 5 の完成である。

	農林水産業	工業	防衛	その他（徐公務防衛）	中間需要	最終需要合計	国内総生産
農林水産業							
工業（徐公務防衛）							
防衛							
その他							
中間需要							
付加価値							
総生産							

なお，次の点が注意事項である。

　第 1 に，日本の小型武器輸出については，防衛の項目に入れたが，軍事武器については2013年まで建前上規制されていたので，産業連関表では，防衛ではなく，工業の輸出に入れてある。

　第 2 に，2001－2003年の武器の在庫増減のデータがないため，ならされてゼロになると仮定し，その 3 年間はその部分をゼロと置いた。

　第 3 に，武器輸出のデータは，延長表の作成されたデータではなく，国連の実際のデータを使っている。

　以上を留意されたい。

3．新SNAの改定

　武器輸出が事実上解禁となり，日本の防衛産業も大きな変革期となっている。
　防衛については，経済モデル分析が遅れていた。防衛に関しての統計は，その統計が産業連関表の公務部門に属しており明確化されてこなかった。新たに作り出した防衛部門を含む産業連関表で，防衛に関するこれまでの分析が可能になった。
　しかし2015年12月の新SNAの改定後の防衛は最終生産物での扱いになった。去れども，それ以前の防衛の新SNA内での扱いは産業連関表のデータである。改定された新SNAのデータとの連絡がうまく取れれば，本書の研究は過去の分析を行うのに役立つと思われる。その研究は今後の課題である。

参考文献

朝雲新聞社編（2016）『防衛ハンドブック―平成28年度版』朝雲新聞社

安藤潤（1998a）「日本における防衛部門経済の外部性効果」『早稲田経済学研究』
　　第46号，pp.1-13

安藤潤（1998b）「日本における防衛部門経済の外部性効果に関するより詳細な分析」
　　『早稲田経済学研究』第47号，pp.1-13

安藤潤（1999）「クリントン政権下の財政政策：米国経済は「平和の配当」を享受して
　　きたのか」『昭和大学教養部紀要』第30巻，pp.1-8

安藤潤（2002）「日本の経済成長と日米安全保障条約に関する一考察～米国軍事支出か
　　らのスピル・インに関するexternality effectの実証分析」諏訪貞夫教授古希記念論
　　文集刊行委員会編『日本経済の新たな進路―実証分析による解明―』文眞堂，
　　pp.215-228

安藤潤（2018）『ポスト冷戦期における日米防衛支出の実証分析』文眞堂

安藤潤（2018a）「米国における防衛部門経済産出高とマクロ経済成長」安藤潤（2018）
　　『ポスト冷戦期における日米防衛支出の実証分析』文眞堂，pp.120-146

安藤潤（2018b）「米国における防衛部門経済の外部効果 ―― 四半期データを用いた冷戦
　　期とポスト冷戦期の比較研究」安藤潤（2018）『ポスト冷戦期における日米防衛支
　　出の実証分析』，pp.147-163

安藤潤（2018c）「米国における防衛部門経済と経済成長 ―― 四半期データを用いた単純
　　傾斜アプローチからの冷戦期とポスト冷戦期の比較研究」安藤潤（2018）『ポスト
　　冷戦期における日米防衛支出の実証分析』，pp.164-177

安藤潤（2018d）「日本における防衛部門経済の外部効果 ―― 四半期データを用いた冷戦
　　期とポスト冷戦期の比較研究」安藤潤（2018）『ポスト冷戦期における日米防衛支
　　出の実証分析』，pp.178-194

安藤潤（2018e）「日本における防衛部門経済と経済成長 ―― 四半期データを用いた単純
　　傾斜アプローチからの冷戦期とポスト冷戦期の比較研究」安藤潤（2018）『ポスト
　　冷戦期における日米防衛支出の実証分析』，pp.195-208

安藤詩緒（2007）「先進国と途上国における防衛費と経済成長の因果関係」
　　『MACRO ECONOMIC REVIEW』第20号，第1・2巻，pp.55-61

安藤詩緒（2009）「日本における防衛研究開発費と企業の付加価値との因果関係 ―企業
　　財務データを用いた検証―」明治大学商学研究所『明大商学論叢』第91巻西野萬里

134

博士古稀記念号, pp.257-267

安藤詩緒 (2011)「日本の防衛産業政策に関する経済的側面からの考察」拓殖大学海外事情研究所『海外事情』第59巻, 第11号, pp.97-110

上野絵里子 (2015)「大砲とバター―産業間の相互依存関係と経済波及効果―」学習院大学政治学研究科博士論文 (http://hdl.handle.net/10959/3839)

飯塚信夫・加藤久和 (2006)『EViewsによる経済予測とシミュレーション入門』日本評論社

上野絵里子 (2015)「産業連関表と海事クラスター概念」『日本海事新聞』2015年12月28日号 4 面

沓脱和人 (2015)「『武器輸出三原則等』の見直しと新たな『防衛装備移転三原則』」参議院『立法と調査』361号, pp.55-67

黒川修司 (1983)『日本の防衛費を考える：軍拡路線のメカニズム』ダイヤモンド社

財務省 (2017)『財政統計』(http://www.mof.go.jp/exchequer/reference/receipts_payments/index.htm)

坂井昭夫 (1984)『軍拡経済の構図：軍縮の経済的可能性はあるのか』有斐閣

坂井昭夫 (1988)『日本の軍拡経済』青木書店

桜林美佐 (2010)『誰も語らなかった防衛産業』並木書房

桜林美佐 (2013)『武器輸出だけでは防衛産業は守れない』並木書房

沢田収二郎 (1963)「日本農業における技術進歩の効果分析」大川一司編『日本農業の成長分析』大明堂

戸沢良一 (2008)「日本の戦争指導」防衛研究所編『平成19年度戦争史研究国際フォーラム報告書：太平洋戦争の新視点』pp.21-32

中村愼一郎 (2000)『Excelで学ぶ産業連関分析』エコノミスト社

都留重人 (1996)『日米安保解消への道』岩波書店

西川俊作 (1984)「防衛費は拡大すべきか」日本平和学会編集委員会編『平和学の数量的方法』早稲田大学出版会, pp.125-147

仁平耕一 (2008)「産業連関分析の理論と適用」白桃書房

日本平和学会編集委員会編 (1984)『平和学の数量的方法』早稲田大学出版会

秦郁彦 (1983)「太平洋戦争敗因の計量的分析－航空戦を中心に」『新防衛論集』第11巻, 第 2 号, pp.40-59

藤川清史 (2005)「産業連関分析入門」日本評論社

防衛省編 (2015)『日本の防衛：防衛白書』

防衛省 (2016)『北朝鮮による核・弾道ミサイル開発について』(https://www.mod.go.

jp/j/approach/surround/pdf/dprk_bm_20180608.pdf，2019年 5 月 1 日取得）

防衛省（2018）『平成30年版防衛白書』

　　（http://www.mod.go.jp/j/publication/wp/wp2018/w2018_00.html）

防衛年鑑刊行会（各年）『防衛年鑑』

南誠（2014）「『満州』記憶に関する計量的分析の試み：長野県の碑を中心に」日中社会学会『21世紀東アジア社会学』第 6 巻，pp.55-71

水野勝之（1986）「技術進歩（technical progress）理論についての一考察：一般化残差理論とH.タイルのシステム－ワイド・アプローチ」北九州大学商経論集，第21巻，第 1 号，pp.65-90

水野勝之（1991）『ディビジア指数』創成社

水野勝之（1992）『システム－ワイド・アプローチの理論と応用：計量経済モデルの新展開』梓出版

水野勝之（1998）『経済指数の理論と適用：消費分析への経済指数の適用』創成社

森光高大（2016）「日本の防衛調達における官民の原価情報の共有に関する研究」『メルコ管理研究』第 9 巻，第 1 号，pp.57-68

横井勝彦（1997）『大英帝国の＜死の商人＞』講談社

Alexander A. (1991) "Of Tanks and Toyotas:An Assessment of Japan's Defense Industry", RAND Note WD-5666-AF, Santa Monica, Cal

Alexander, W. R. J. (1990) "The Impact of Defence Spending on Economic Growth : A Multi-Sectoral Approach to Defence Spending and Economic Growth with Evidence from Developed Economies", *Defence Economics*, Vol.2, pp.39-55

Ando, J. (2000) "A Study on the 'Peace Dividend' under the Clinton's Administration", In Suwa, S. (ed.) *Current Issues in Economic Policy*, Tokyo : Institute for Research in Contemporary Political and Economic Affairs, Waseda University, pp.121-131

Ando, S. (2009) "The Impact of Defense Expenditure on Economic Growth : Panel Data Analysis Based on The Feder Model", *The International Journal of Economic Policy Studies*, Vol.4, pp.143-154

Ando, S. (2015) "Empirical Analysis of the Defense Interdependence between Japan and the United States", Defence and Peace Economics, Vol.26, No.2, pp.223-231, United Kingdom, Routledge.

Atesoglu, H. S. and Mueller, M. J. (1990) "Defence Spending and Economic

Growth", *Defence Economics*, Vol. 2, pp.19-27

Davidson, R. and MacKinnon, J. G. (1993) *Estimation and Inference in Econometrics*. New York : Oxford University Press.

Douglass Cecil North. (1961) *The Economic Growth of the United States, 1790-1860*

Dunne, J. P., Smith, R. P, and Willenbockel, D. (2005) "Models of Military Expenditure and Growth : A Critical Review", *Defence and Peace Economics*, Vol. 16, No. 6, pp.449-461

Engel, R. F. and Granger, C. W. J. (1987) "Co-integration and Error Correction Representation, estimation and Testing", *Econometrica*, Vol.55, pp.251-276

Heo, U. (1997) "The Political Economy of Defense Spending in South Korea", *Journal of Peace Research*, Vol.34, No.1, pp.483-490

Heo, U. (2010) "The Relationship between Defense Spending and Economic Growth in the United States", *Political Research Quarterly*, Vol.63, No.4, pp.760-770

Huang, C. and Mintz, A. (1990) "Ridge Regression Analysis of the Defence Growth Tradeoff in the United State", *Defence Economics*, Vol.2, pp.29-37

Huang, C. and Mintz, A. (1991) "Defence Expenditures and Economic Growth : The Externality Effect", *Defence Economics*, Vol.3, pp.35-40

Macnair, E. S., Murdoch, J. C., Pi, C. and Sandler, T. (1995) "Growthand Defense : Pooled Estimates for the NATO Alliance, 1951-1988", *Southern Economic Journal*, Nol.61, No.3, pp.846-860

Mintz, A. and Stevenson, R. (1995) "Defence Expenditures, Economic Growth, and the 'Peace Dividend' : A Longitudinal Analysis of 103 Countries", *Journal of Conflict Resolution*, Vol.39, No.2, pp.283-305

Mizuno, K,,Takumu Doi, Shio Ando, Jun Omata, Go (2016) "Igusa Relation between Total Factor Productivity and Utility", *Journal of Human Resource and Sustainability Studies*, Vol.4 No.2, pp.130-142

Mizuno,K Ando S, and G.Igusa (2016) "Verification of the Japanese Government's Level of Utility with Respect to Defense: Creation and Measurement of an MAI-I Model", *International Journal of Social Science Studies*. Vol.4, No.8, pp.86-94

Mizuno K. (2016) "Construction steps of 4×4 I - O table including the defense

sector", *Discussin Paper of school of commerce of MeijiUniversity*
URL　http://www.meiji.ac.jp/shogaku/6t5h7p00000kal4g.html

Morales-Ramos, E.（2002）, "Defense R&D Expenditure : The Crowding-Out Hypothesis", *Defence and Peace Economics*, Vol.13(5), pp.365-383

Robert, W. and Alexander, J.（1990）"The Impact of Defence Spending on Economic Growth : A Multi-Sectoral Approach to Defence Spending and Economic Growth with Evidence from Developed Economies", *Defence Economics*, Vol.2, pp.39-55

Saal, D. S.（2001）, "The Impact of Procurement-Driven Technological Change on U.S. 13 Manufacturing Productivity Growth", *Defence and Peace Economics*, Vol.12, pp.537-568

Sandler, T. and Hartley, K.（1995）The Economics of Defense. Cambri-dge : Cambridge University Press　（『防衛の経済学』（1999）サンドラー（著）, K. ハートレー（著）, 深谷庄一ほか（翻訳）日本評論社）

Theil, H.（1975）*Theory and Measurement of Consumer Demand.* Two volumes, New York : Elsevier/North-Holland, Inc., and Amsterdam : North-Holland Publishing Company

Theil, H.（1980a）*The System―wide approach to microeconomics.* Chicago, University of Chicago Press

Theil, H.（1980b）*System-wide explorations in international economics, inputoutput analysis, and marketing research.* Amsterdam, North-Holland Publishing Company

Ward, M. D., Davis, D. R., and Lofdahl, C. L.（1995）"A Century Trade-offs : Defense and Growth in Japan and the United States", *International Studies Quarterly*, Vol. 39, No. 1, pp. 27-50

Zuk, G. and Woodbury, N. R.（1986）"U.S. Defense Spending, ElectoralCycles, and Soviet-American Relations", *Journal of Conflict Resolu-tion*, Vol.30, No.3, pp.445-468

各章の出所

　本書の各章は，下記の論文を基に加筆修正したものである。本書編著者らは各章の名前の記載部分を主に担当するとともに，全体の修正，校正を行った。

第1章
書き下ろし（初出）
著者：安藤詩緒，水野勝之，中村賢軌

第2章　防衛分析のためのモデル構築
Katsushi Mizuno, Shio Ando, Go Igusa（2016）"Verification of the Japanese Government's Level of Utility with Respect to Defense: Creation and Measurement of an MAI-I Model", *International Journal of Social Science Studies*, Vol.4, No.8, pp.86-94

第3章　効用の一般化残差理論による日本の防衛についての分析
Shio Ando, Katsushi Mizuno, Go Igusa（2018）"An Analysis of Japanese Defense Using the General Residual Error Theory of Utility", 『九州経済学会年報』第58号，pp.13-18

第4章　国内防衛産業育成に関する一考査：防衛費の目視指標の開発
Katsushi Mizuno, Go Igusa, Shio Ando, Eiji Takeda（2016）"Plant to Implement Halt Index under 3 General Rules of Defense Armament Transfer: Development of New Index that Will Replace 1% Framework of GDP", *International Journal of Social Science Studies*, Vol.4, No.12, pp.39-46

第5章　日本の防衛における「産業間の取引効率性測定指標」の開発とその測定
Katsushi Mizuno, Shio Ando, Go Igusa（2019）"Developing and Calculating an Inter-Industry Transaction Efficiency Index for the Japanese Defense Sector", 『明治大学商学論叢』第101巻，第3号，pp.17-27

第6章　大戦間の日本の軍事に関する計量的歴史分析

Katsushi Mizuno, Shio Ando, Go Igusa（2018）"A Cliometric Analysis of Japan's Military Affairs between World War I and World War II",『明治大学商学論叢』第100巻，第3号，pp.15-28

第7章

書き下ろし（初出）

著者：安藤潤

補論

水野勝之（2017）「Construction steps of 4×4 I - O table including the defense sector」『明治大学商学部ディスカッションペーパー』

　（https://www.meiji.ac.jp/shogaku/6t5h7p00000kal4g.html）

索　引

（あ行）

安全保障学　　25，26
安全保障効果　　95，96
安全保障条約　　3
安全保障政策　　25，37
安保条約　　111
安保ただ乗り　　92，93，117
ECM　　92，97，99，100，110-112，115
1次同次性　　27
売り手寡占市場　　53
影響力係数　　61-64
思いやり予算　　93

（か行）

海事クラスター　　54，68
買い手独占市場　　53
外部効果　　91，95-100，102，109，
　111-113，118
貨幣錯覚　　82，89
感応度係数　　61-64
機会費用　　95
企業物価指数　　78
技術進歩　　3，42，49，89
技術進歩率　　49，50，54
基数的効用　　26-28，33，34，37，51，
　54，82，85，86
基数的効用関数　　27，41，42，84
規模に関して収穫逓増　　73，84
規模に関して逓増　　27
規模の弾力性　　27，29，33，41，70，

　73，83，84
供給効果　　95
共和分　　106，110，116
クラウディングアウト　　8
クラウディングアウト効果　　68
クラウド・アウト　　95
グランジャー因果性テスト　　10
軍拡　　26，41-44
軍事同盟　　92
軍事費　　89
軍縮　　26，41-43，46，50
経済効率性　　7
経済成長　　91，94
限界シェア　　30，70，72-75
公共財　　92
公共調達の適正化　　7
後年度負担　　22
後年度負担額　　18，19
公務防衛　　56，57，68，122，124，
　128，130，131
効用の一般化残差理論　　42，48
効率性測定指標　　67
515事件　　80，86-88
小型武器輸出　　58，59，64，131
国内卸売物価指数　　78
誤差修正モデル　　92
コストプッシュインフレーション　　13

（さ行）

最終需要　　58-60，126，127

最終生産物　　132

財政政策　　44, 47, 48

在日米軍　　93

産業間の取引効率性測定指標　　75

産業の効率測定性指標　　74

産業連関表　　56-58, 64, 67-71, 77,
　78, 119-122, 131, 132

産業連関表延長表　　57, 58

産業連関分析　　54

CES型効用関数　　27-29, 33, 81-83

CES型生産関数　　81

GNP　　13, 14, 35, 39

GDP　　6, 13, 14, 15, 21, 25, 33,
　37, 55, 63

GNP比1％枠　　101

Jアラート　　3

自衛官現員数　　38

自衛官現員数総計　　28, 30

自衛隊　　91-94, 100

市場原理　　5

システム－ワイド・アプローチ　　27,
　29, 69, 70

需要関数　　28

需要効果　　95

需要独占市場　　7

乗数効果　　95

序数的効用　　26, 27

所得の伸縮性　　30, 32, 39, 83

人件・糧食費　　38, 39, 43

新歯止め指標　　61, 63

スタグフレーション　　13

スピル・イン　　97, 101, 102

スピンアウト　　10

スピンオフ　　8-11, 95

スルツキー係数　　69, 71

生産者の寡占市場　　7

政府最終消費支出デフレータ　　38

制約付3段階最小2乗法　　71

世界恐慌　　88

絶対価格式　　31

全要素生産性　　41, 42, 54

総額明示方式　　14, 35

相似拡大的　　74

相対価格式　　29, 31

（た行）

多重共線性　　92, 99

単位根検定　　92, 106, 109, 114

小さな政府　　4

徴兵費　　90

ディビジア数量指数　　30

統合産業連関表　　56, 68, 69

投入係数行列　　58

投入需要方程式　　69

（な行）

226事件　　80, 86, 88

日米安全保障条約　　91, 92, 101,
　102, 112

日米共同訓練　　92

日米同盟　　91-93, 109, 112

（は行）

非競合性　　92

非排除性　　92, 96

微分形需要方程式　　29

Feder-Ramモデル　　91, 92, 96, 98,
　100, 112

武器輸出 3 原則　　78

武器輸出 3 原則等　　53

武器輸出解禁　　54，78

武器輸出三原則　　4，15，17

武器輸出三原則等　　6，11，15，16，17，20

フリッシュ価格指数　　30

防衛関係費　　38

防衛関係備品　　67

防衛経済学　　25

防衛研究開発費　　8，10，68

防衛産業　　4-8，11，13，14，18，24，56，62-64 67，68，73，76，77，123，127，128，130-132

防衛産業戦略　　4

防衛装備　　37，94

防衛装備移転 3 原則　　53

防衛装備移転三原則　　16

防衛装備移転三原則　　22

防衛装備品　　4，6，9，10，12，15，19，20，21，28，30，38，39

防衛費　　55，64，77，94-96，98，101，105，112，113，117

防衛予算案　　55

（ま行）

無差別曲線　　38，41，42，43，44，46，47

（や行）

有効需要　　95

予算シェア　　30，31，44，47，48

（ら行）

ラスパイレス指数　　78

陸海軍兵員数　　90

レオンチェフの逆行列　　58-60

[著者紹介]

水野　勝之（みずの　かつし）
早稲田大学大学院経済学研究科博士後期課程単位取得満期退学、博士（商学），明治大学商学部教授。『ディビジア指数』創成社（1991年），『新テキスト経済数学』中央経済社（2017年，共編著），『余剰分析の経済学』中央経済社（2018年，共編著），『林業の計量経済分析』五絃舎（2019年，編著）その他多数。

安藤　詩緒（あんどう　しお）
明治大学大学院商学研究科博士後期課程修了，博士（商学）。常葉大学経営学部専任講師，明治大学商学部兼任講師。Empirical Analysis of the Defense Interdependence between Japan and the United States, Defence and Peace Economics, Vol.26, No.2, pp.223-231（2015年），『新テキスト経済数学』中央経済社（2017年，共編著），『林業の計量経済分析』五絃舎（2019年，共編著）　等。

安藤　潤（あんどう　じゅん）
早稲田大学大学院経済学研究科博士後期課程単位取得満期退学，新潟国際情報大学国際学部准教授を経て，現在，佛教大学社会学部教授。『行動経済学の理論と実証』勁草書房（2010年，共著），『アイデンティティ経済学と共稼ぎ夫婦の家事労働行動―理論，実証，政策―』文眞堂（2017年），『ポスト冷戦期における日米防衛支出の実証分析』文眞堂（2018年）等。

井草　剛（いぐさ　ごう）
早稲田大学大学院人間科学研究科博士課程修了，博士（人間科学）。桜美林大学リベラルアーツ学群非常勤講師を経て，現在，松山大学経済学部准教授。『人的資源管理と年休の社会学―経済学理論を手がかりとして』三恵社（2014），『新テキスト経済数学』中央経済社（2017年，共編著）等。

竹田　英司（たけだ　えいじ）
大阪市立大学大学院創造都市研究科後期博士課程修了，博士（創造都市学），長崎県立大学地域創造学部准教授。「地場産業の集積メカニズム」『地域経済学研究』32，pp.60-75（2016年），「産地型中小企業集積地の存続要因に関する実証研究」『産業学会研究年報』26，pp.169-182（2011年）等。

その他の著者
　　　第1章共著
　　　中村　賢軌（なかむら　さとき）明治大学商学部4年生

防衛の計量経済分析

2020年4月25日　初版発行

編著者：水野勝之・安藤詩緒・安藤潤・井草剛・竹田英司
発行者：長谷　雅春
発行所：株式会社　五絃舎
　　　　〒173-0025　東京都板橋区熊野町46-7-402
　　　　TEL・FAX：03-3957-5587
検印省略　　Ⓒ　2020
組版：Office Five Strings
印刷・製本：モリモト印刷
Printed in Japan
ISBN978-4-86434-111-0

落丁本・乱丁本はお取り替えいたします。
本書より無断転載を禁ず。